宗教改革の現代的意義

〈宗教改革五〇〇年記念講演集〉

日本キリスト教文化協会【編】

教文館

刊行にあたって

一五一七年の宗教改革から五〇〇年を経て、昨年二〇一七年は「宗教改革五〇〇年」の特別な年でした。宗教改革の主要な舞台となったドイツをはじめ、世界諸国のプロテスタント教会、プロテスタント系大学、福音主義の神学校や神学部、それに出版関係や文化関係の諸機関において、宗教改革を記念するさまざまな祝会、講演会、研究会などが催されました。それと共に、宗教改革の信仰的ならびに教会的、神学的な意義を中心にして、さらに多面的な、その後の時代や現代に対する意義についても、改めて検討し、論じあわれました。アジアの諸教会や大学においても、事情は同様で、色々な行事が開催されたことが伝えられています。日本においても、そのスケールや性格はさまざまですが、色々な記念集会や行事、そして研究活動が行われたようであります。

公益財団法人日本キリスト教文化協会も、二〇一七年六月二〇日から二六日にかけて、教文館ビル九階を会場として、宗教改革五〇〇年を記念する連続講演を開催しました。梅雨の季節の中でしたが、連日、会場を埋める熱心な聴衆が参加し、宗教改革やマルティン・ルターの人生と宗教につき、その神学・宗教思想から、あるいは政治思想から、あるいは音楽や絵画に与えた影響の観点から、さらには世界史と現代史における残された意味や課題の文脈から論ずるなど、多角的な観点から、多彩な講演が一週間にわたって行われました。

一六世紀の宗教改革は、近・現代のキリスト教、のみならずさらに広くキリスト教的な文化・芸術活動、さらにはその外の社会一般に対して、広範で意義深い影響を及ぼした世界史的な出来事です。本協会の企画による連続講演は、その中の一端を世に伝えて、現代におけるキリスト教信仰の普及とキリスト教的文化社会の形成に仕えようと願ったものでした。

本書は、その連続講演の内容を一冊の書物の形で出版したものです。この出版は、連続講演会開催の最中、すでに聴講者の中から希望が起こり、それに応えるものとして企画されました。本書の出版によって講演の成果がさらに多くの方々に伝えられることは素晴らしいことであり、講演してくださった方々がこの出版を快諾してくださったことに、感謝申し上げます。

公益財団法人日本キリスト教文化協会は、株式会社教文館の出版事業と連携して、イエス・キリストの福音の伝道と神学思想の普及に役立ち、またキリスト教文化の形成や教育の推進に寄与しようとしています。それはまた、さまざまなキリスト教社会事業などの日本における伸展を励まし、日本社会の健全な形成と伸展に役立とうとも願っております。今回の出版は、そのような法人としての本協会の設立趣旨の遂行と良く合致し、このような形で果たすべき責任の一端を果たすことができることはまことに喜ばしいことと、関係者一同感謝しております。今後とも機会あるごとに、神のゆるしのある限り、積極的に本法人の活動を推進し、責任を遂行していきたいと願っております。

二〇一八年四月一五日

公益財団法人日本キリスト教文化協会理事長

近藤勝彦

目　次

世界史の中の宗教改革……161

近藤勝彦

I　ルターの生涯と思想

ルターの生涯と宗教改革

宗教改革のはじまりの「はじまり」

小田部進一

1　はじめに——人生の転機としての死別とその記憶と想起(1)

ひとりの人間の生涯の中には、何がしか記憶に残る転機というものがあります。小さな転機を重ねる場合もあれば、一回の転機が人生に決定的な影響を与えることもあるでしょう。みなさんには、何かそのような記憶に残る転機というものがあったでしょうか。あるとすれば、それは人生の中のどのような時に起こったでしょうか。そして、それはどのような経験だったでしょうか。

人生の中で深く記憶に残り転機となる経験の中の一つは、もしかしたら人生の最期の時、つまり、死に臨む経験、そして死という経験なのかもしれません。もちろん、それが死に臨む人の記憶にどのように残るのかは分かりません。人生の最期の転機としての死の経験は、死に臨んでいる人を看取る側の記憶としてしか知ることはできません。それは、死に臨んでいる人との親密な関わりを生きてきた、残された人々の転機の経験として記憶されるものです。にもかかわらず、死に臨む人と見送る人との関係性の中で、それぞれの人生にとって「転機」となるような経験が、死という別れの場にあるのではないかと思うのです。

私は、宗教改革五〇〇年の年を迎える数年前から、しばしば、記念すること、想起することについて考えるようになりました。そして、そのときに、ある個人的な経験がどうしても頭から離れませんでした。それは、二〇一一年の秋に父の死を看取った後、私の母が、繰り返し、亡き父の生前の言葉を想い起こし、そのような仕方で、新しく父と人格的に出会っているという姿です。私が働いている大学という現場では、社会からコミュニケーション能力が強く求められています。生きている者同士のコミュニケーションは、共に生きていくために欠かせません。しかし、他方で、死別してからも、それどころか、愛する人の死の経験を通して、より深く父と関わろうとするようにさえ見える母の姿から、人間にとっていかに死者とのコミュニケーションが重要であるかを深く感じさせられたのです。これらのことを思い巡らす中で、宗教改革者ルターを記憶する最初の行為は、いつ、どこで、誰によって、どのようにはじまったのだろうか、ということが気になりはじめました。つまり、ルターの死とルターとの死別にどのような経験があったのか、調べてみたいと思うようになったのです。こうして、拙著『ルターから今を考える――宗教改革五〇〇年の記憶と想起』（日本キリスト教団出版局）は、今を生きる私個人の経験にも動機づけられて独自の構成を持つものとなり、第一章は、ルターの死の記憶からはじめられることになったのです。

2　ルターの生涯と転機

1　ルターの最後の転機――自覚的・キリスト教的な人生の終わり方

一五四六年二月一七日水曜日の夜、宗教改革者マルティン・ルターにとって、そして、ルターと共に生きていた人々にとって、記憶に残る「転機」の時が訪れました。[2] それは、旅先のアイスレーベンの町での出来事でした。一週間前の二月一〇日に、ルターは、アイスレーベンからケーテ（妻カタリーナ・フォン・ボラの愛称）に宛てた手紙の中で、「私たちは、有難いことに、元気にしている」と書いています。一四日の手紙でも、結石が痛むこともなく過ごしていることを報告しており、まさか数日後にこの世を去ることになるとは、彼自身予想もしていないことでした。しかし、その日は、多くの場合がそうであるように、ルターにとっても、突然にやってきたのです。幸い、アイスレーベンに同行し、ルターの死を看取った同僚たちの証言が残されているので、私たちは、ルターがどのように最後の時を迎えたのか知ることができます。

同僚の必死の看病と回復への期待にもかかわらず、ルターは自分の死を確信し、不安を正直に告白しています。それは、例えば、「愛する神よ、痛みは強く、不安です。私は倒れ、いまやアイスレーベンで死ぬことになるでしょう」という言葉に表れています。ルターの生涯の最期に彼を「突然の死の不安」が襲います。

では、旅の途上に突然に彼を襲った死の不安に直面して、ルターには何ができたのでしょうか。報告によれば、ルターにできたことは信仰を聖書のことばによって告白し、そのすべてを神にゆだねることだけ

図１　W. パーペ「ルターの最後の信仰告白」[(3)]

でした。例えば、ルターは、ヨハネ福音書三章一六節（「神は、その独り子をお与えになったほどに、世を愛された。独り子を信じる者が一人も滅びないで、永遠の命を得るためである」）、詩編三一編六節（「まことの神、主よ、御手にわたしの霊をゆだねます。わたしを贖ってください」）、詩編六二編二一節（「この神はわたしたちの神、救いの御業の神、主、死から解き放つ神」）を唱えています。ルターが最後に短く意識を吹き返した機会を捉え、ユストゥス・ヨナスとミヒャエル・コエリウスがルターに、「キリストへの信仰において死に、その教えを堅く守りますか」と呼びかけます。するとその時だけは、はっきりとした声でルターは返事をしています。「はい（ja《ヤー》）」。福音主義的信条に対する信仰告白、これが証言者の報告によるルターの最後のことばでした。

　同僚たちが残した報告を読んでいて気がつかされることの一つは、ルターの死の記憶が、宗教改革者の言葉に集中しているということです。一九〇五年にルターの最期を描いたウィリアム・パーペの絵（**図１**）は、彼を看取る人々が、死に臨むルターの言葉に傾聴する姿勢が描かれています。ルターの時代に作成された死に臨む人をモチーフにした画像の多くには、悔い改め、聖餐、塗油のサクラメント、サクラメントを執り行なえる司祭、また、執り成しが期待される天上の聖人たちなどが描かれていました。それに比べて、パーペの絵には、そのような教会的・宗教的儀礼が一切描かれていません。視覚的に死者の記憶を伝える中世の画像に見えるものが、パーペの絵には一切見られません。見えるのは、信仰を告白するルターとそれに傾聴する人々の姿だけです。先に見た、ルターの死の記憶を伝える最初の報告書の雰囲気をよく表現している絵だと思います。

ルターを看取った人々が、宗教改革者の言葉以外に残そうとしたものが、もう一つあります。ルターの死に顔です（図2）。二人の絵師によるスケッチの内、一つが残っています。異端としてルターが悲惨な死を遂げたという噂が広められていたのですが、ルターの安らかな死に顔を描いたスケッチは、そのような噂を一蹴するある種の迫力を持っていたのではないでしょうか。安らかな死に顔のリアリティです。それは、何よりも、ヴィッテンベルクに遺された妻ケーテや近しい人々にとって、大きな慰めとなったことでしょう。

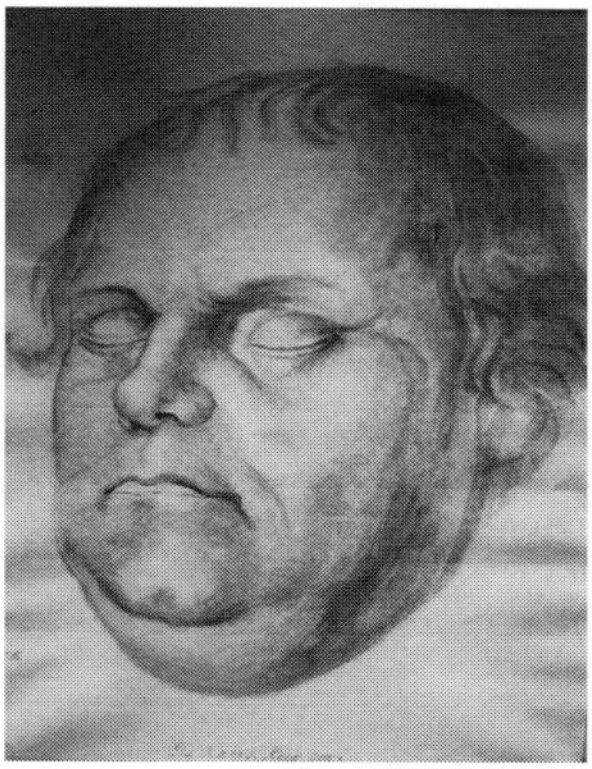

図2　L. フルテナーゲルによるルターの死に顔のスケッチ
（写真：小田部）

2　ルターの最初の転機——自覚的・キリスト教的人生のはじまり①

私たちは、いま、ルターが自覚的に自分の死と向き合い、その時を迎えた様子を見てきました。生涯の最期の時にルターが示した福音主義的な信仰の態度は、彼のこれまでの信仰者としての歩みの一つの帰結、あるいは集大成でした。ルターがいかに最期を迎えたのかについて、最初の報告書を通して追体験する中で、新たな問いが生じました。ルターは、いつから、そのような自覚的なキリスト教徒として生きるようになったのか。あるいは、そもそも、ルターがキリスト教的な人生を歩むことを自覚的にはじめた人生の転機はどこにあったのか。もちろん、当時の人々は、生まれて間もなく幼児洗礼を受けていますから、その時点から教会の成員であり、キリスト教徒です。しかし、私の問いは、ルター自身が「自覚的に」キリスト教的な人生を歩みはじめたのはいつなのか、という点に向けられています。結論から言えば、それは、一五〇五年七月に修道院に入った時からであったと言うことができるでしょう。イェール大学の教会史家ローランド・ベイントンによるルターの伝記『我ここに立つ』の第一章のタイトルは、「誓願」です。つまり、修道院の誓願です。彼のルター伝記は、次のような叙述によって始められています。

> 一五〇五年七月のあるむし暑い日に、ひとりぼっちの旅人が、ザクセンの村シュトッテルンハイムの村はずれの、乾ききった道を、てくてく歩いてきた。彼は背こそ低いが、たくましい若者で、大学生の服を着ていた。村に近づいたとき、空がまっ暗になった。にわかに夕立がやってくると、こんどはすさまじいあらしになった。いな光がうす暗がりをつんざいて、その男を地面にたたきつけた。起きあがろうともがきながら、彼はおびえて叫んだ。「聖アンナさま、お助けください！　私は修道士になります」。
>
> 聖者にこう祈った男が、のちには、聖者たちの崇拝を否認しなければならなかった。修道士になりますと誓った彼が、のちには、修道生活を否定しなければならなかった。カトリック教会の忠実な息子だった彼が、のちには、中世カトリック主義の組織を打ちくだかなければならなかった。教皇の献身的なしもべであった彼が、のちには教皇たちを反キリスト（キリストの敵）と同一視しなければならなかった。というのは、この青年がマルティン・ルターだったからである。[4]

ベイントンが、宗教改革者マルティン・ルターの生涯について語るとき、最初に記憶され、想起されるべき出来事は、一五〇五年の修道院入りのきっかけとなったエピソードでした。そこにルターに関する重要な想起の場所があるということです。[5] 修道院入り、それは、ルターにとって大きな人生の転機でした。それは、ルターはこの時、キリスト教的な信仰と自覚的に向き合う人生をはじめることを決断したのです。それは、ルターが、真にキリスト教的な人生を歩むことを自覚的に求め、実践へと踏み出した第一歩でした。

ルターは一四八三年一一月一〇日に、奇しくも彼の最期の地となったアイスレーベンで生まれ、次の日の一一日、すなわち、聖マルティンの日に、その地の聖ペトロ教会で受洗し、マルティンと名づけられました。そして、一五〇五年の夏に修道院に入ります。修道士の誓願は、独身の生活を自覚的に選択することですから、一五二五年六月にルターが元修道女のカタリーナ・フォン・ボラとの結婚を決断したことは、これまた、彼の人生の大きな転機と言えます。そこから、一五四六年二月の死をむかえるまで、夫として父親としての人生を歩みます。

誕生から修道院に入るまでを「幼少期・青年期」の約二〇年間、修道院に入ってから結婚までを「修道士時代」の二〇年間、そして結婚から死ぬまでを「夫・父親」としての約二〇年間とする区切りが見えてきます。世界史的な出来事としての宗教改革やルターが宗教改革者となっていく神学的認識への関心に基づけば、ルターの神学的転機や社会的・政治的転機とその時期がこれに加えて重要になるのは当然であり、それらの転機についても後に触れることになります。しかし、ルターという個人の生涯に注目したときに、自覚的にキリスト教的な信仰を生きたその生涯の「はじめ」にも、「おわり」にも、「突然の死の不安」に直面していることが見えてきました。しかも、それらは、いずれも旅の途上での突然の出来事として経験されています。ルターは、この突然の死の不安に、その時々に彼が信じていた宗教的信仰に基づいて、立ち向かっています。そして、その「はじめ」と「おわり」にルターが求めたものを比較するとき、そこに大きく異なる態度があることに気づかされます。

生涯の終わりに「突然の死の不安」に向き合うルターが求めたものは、ただ神の恵みのみでした。それに対し、若き日に旅の途上で「突然の死の不安」に襲われたルターが求めたもの、それは、宗教的・道徳的に非のうちどころのない修道士として生活することでした。つまり、自分で善い行い（功績）を積むこと、そして、そうすることで神からの承認を引き出そうとすることでした。ここに、二つの全く異なる救いに対する態度、人生に対する態度が見られます。死の不安を前にして、自覚的に「キリスト教的」に生きようとする姿勢は共通しています。しかし、前者と後者の間で、「キリスト教的」であることを規定する座標軸が大きく転換されていることが分かります。

3　ルターの神学的な転機――自覚的・キリスト教的人生のはじまり②

このような観察から、次の問いに導かれます。ルターは、いつ、どこで、どのような仕方で、功績主義的な信仰から信仰義認の立場への転換を経験したのか。ただし、この問いは、一般的に宗教改革的転回あるいは塔の体験として、さまざまなところで紹介されていることですので、ここでは概観にとどめ、その後で、ルターの神学的転回の影響や展開について取り上げることにより、現代的な問いかけに結びつけることを試みてみたいと思います。

ルターの宗教改革的転回では、ヴィッテンベルク大学で聖書講義を行い始めた一五一三年から一五一八年頃までの間に深められ、到達された信仰義認の神学的認識が問題になっています。よく引き合いに出されるのは、一五四五年の「ラテン語著作全集」第一巻の序文にあるルター自身の回想です。ルターはこの回想の中で、ローマの信徒への手紙一章一七節に触れ、それまで能動的な意味で理解していた聖書の「神の義」という言葉が、実は受動的な意味で理解されるべきものであることに気がついた、と述べています。

私は良心が動揺し混乱しているあいだに無我夢中であった。それでも私は使徒パウロのこの一節［ローマ一・一七］において、使徒が何を言おうと欲しているのかを知りたいと熱心に願い、性急に探索した。ついに神は私をあわれんでくださった。（中略）私は、神の義がここでは義人が神の贈物により、つまり信仰によって生きるさいの、その義であり、福音により神の義が啓示されているという、この［義なる］言葉が明らかに受動的であって、それによって神はあわれみをもって信仰により私たちを義とすると、理解しはじめた。（WA54, 185, 28-186, 9）

無我夢中で聖書と取り組んだルターは、神自らが神と人間の間にある壁を突破して、神の恵みによって罪人を無条件に義と見なし、その関係性を回復される、という福音のメッセージを聞き取ったのです。神の側から関係性回復のための橋がすでに渡されており、人は、その恵みを受け入れる信仰によって応答すること、つまり、その赦しの架け橋を信仰によって喜んで渡ることが求められているだけでした。私たちの側から外へ正当化すべき能動的な義から、私たちの外から与えられる受動的な義へと、義の理解に関わる大転換が経験されたのです。

また、同じ序文の中で、次のように述べてもいます。

当時［一五二〇年頃］、すでに七年の間、私的にまた公的にも聖書を最も忠実に読み、また教えもしてきた私は、ほとんど全部を暗記して知っているほどであった。だから、私は、キリストを認識することとキリストを信じることのはじめの実を、すなわち、行いによってではなく、キリストを信じる信仰によって、私たちは正常な神関係を与えられ（義とされ）て、救われるということを手に入れたのである。(6)

落雷による突然の死の恐怖を経験したとき、ルターは、最後の審判を究極的な定位点として人を裁き、罰する神の眼差しの前で、いかにして義しい人であり得るのか、という能動的な義の世界に生きていました。人生の最後に、審判者の前で自分の存在根拠を問われ、自分の行いによって永遠に存在に価する者であることを証明することが求められる世界です。だからこそ、ルターは、修道士の誓願を立て、修道生活を実践することを通して、このような宗教的要求に耐えることができる最善の道、最も確かな道を歩むことを決心したのでした。若きルターが「突然の死の不安」に襲われ、最初にキリスト教的な道を自覚的に選んだときの決断を動機づけた宗教性がそこにあります。宗教改革的転回は、ルターをこの動機づけと修道的生活への強制から解放する経験でした。

修道生活は、結果として、ルターを異なる世界、受動的な義の世界に導くことになりました。その際、ルターが宗教改革者に成ることに、修道院の伝統が重要な影響を与えていることも忘れてはなりません。大学生になるまで聖書を見たこともなかったルターは、修道院を通して聖書を読むことへと導かれました。特に、恩師シュタウピッツとの出会いを通して、ヴィッテンベルク大学で聖書講義を行う責任を任され、まさに丸暗記するほどに聖書と取り組み、聖書の中心にある福音のメッセージと出会う経験をすることができました。こうして、信仰義認という宗教改革的な神学教説が形成されていったのです。

3　宗教改革的転回の展開

先に概観した宗教改革的転回を踏まえて、ここで二つの事例を取り上げて、他の角度からルターが経験した神学的な方向転換の中身について確認してみたいと思います。一つは、「天国の梯子」（一五一〇年頃）と呼ばれる木版画とその変容について、もう一つは、一五一八年の「ハイデルベルク討論」におけるルターの愛の理解についてです。まず、木版画の考察からはじめましょう。

1　木版画「天国の梯子」とその変容

1・1　中世的「天国の梯子」――上昇する救い

ルカス・クラナッハ（父）の一五一〇年頃の作品に、宗教的・道徳的に良い行いを積み重ねることで天国に行けるという信仰を表現した、「聖ボナヴェントゥラの天国の梯子」という木版画があります（図3）。この木版画は、天上、地上、地下の三つの部分から構成されています。天上部分には、三位一体の神が、左右には聖人や使徒たちをはじめとする敬虔な信仰者たちが描かれています。地上には、聖職者、領主、貴族、市民など、この世の様々な身分に属している信仰者たちが描かれています。天上と地上の間には、様々な帯が飛び交っていますが、よく見ると、真ん中の帯だけが、三段からなる明確な構造を持って描かれていることが分かります。木版画の上の枠外の文章に、「ボナヴェントゥラによる素朴で敬虔な天の梯子」、さらには、「これによりキリスト教徒が高貴なる天に容易に上ることができる」と書かれていることから、木版画の中央の帯が地上から天上に上る梯子として描かれていることが分かります。では、どのよ

図3「聖ボナヴェントゥラの天国の梯子」（1510年頃）[7]

うな仕方で地上は天上に結びつけられているのでしょうか。

梯子の一段一段に文字が書かれています。上から順に、「謙虚な神への愛」「己自身を小さくする」「この世の蔑視」という勧めです。また、梯子の縦軸の帯には、左側に「快楽の節制」、右側に「不快さの忍耐」とあります。こうして、自己否定の道、この世的な欲望や快楽を否定し、忍耐を勧める、禁欲主義的・道徳的な勧告が記されています。つまり、これらの行いを通して、階段を上り、地上から天国へ、神のもとへ上昇していくことができるということが描かれています。この木版画は、天国への階段、天国に行くための処方箋と言えるでしょう。問題は、このような「良い行い」の階段を上れなかったらどうなるのか。その時には、地下に描かれた地獄の罰が待っています。

梯子は、天への「上昇」の方向を示し、梯子の文字は、そのための具体的な処方箋を示しています。しかし、この木版画が示す「上昇」、すなわち天国に昇る「救いへの道」は、同時に、「下降」、すなわち地獄に落ちる「裁きの道」を示すものでもありました。梯子の下の帯には、「永遠の罰を恐れよ」と書かれています。梯子の上の帯には「永遠の報酬を愛せよ」とあります。罰への恐れが、永遠の報酬を得るために梯子を上る努力を強制する働きを持っています。人は、地上に永遠にとどまることはできず、いつか死を迎えます。そして、神の裁きの前で十分に耐え得る「正しさ」を備えている状態で死を迎えることができるならば、それは、死後の救いが保証された「良い死」でした。修道院に入ることを決断した若きルターは、良い死が最も確実に保証されている禁欲的な修道士生活を選びました。修道院にこそ天国への階段を確実に上る道が実践的に提供されていたからです。突然の死の恐れ、罰への恐れ、あるいは神から承認を得られないことへの不安が、一人の青年を「上昇する救い」のための徹底した努力へと駆り立てたのです。

1・2 宗教改革的「天国の梯子」——下降する救い

興味深いことに、「天国の梯子」の木版画は、後に、宗教改革的な神学理解を伝達するための手段として用いられることになりました（図4）。注目に値することは、その際、「天から下降する救い」のイメージが読み取れるということです。

図4 宗教改革的「天国の梯子」[8]

これは、先ほど見た「聖ボナヴェントゥラの天国の梯子」と一見同じように見えます。なぜなら、図像の構造が共通しているからです。しかし、帯上に記された言葉を確認すると、内容が変更されており、木版画が宗教改革的な使信を伝達し、救いの方向性が大きく転回されていることが分かります。

まず、梯子の縦軸ですが、右側にはヨハネ一七章三節の言葉、「永遠の命とは、唯一のまことの神であられるあなたと、あなたのお遣わしになった「イエス・キリストを知ることです。」」とあります。そして、左側にはヨハネ一四章六節の言葉、「私は道であり、真理であり、命である。私を通らなければ、だれも父のもとに行くことができない」と書かれています。また、梯子の横軸は、下から順に「洗礼」、「キリストの聖餐」、「罪のゆるし」となっています。

この木版画の様々な版を詳細に検証したゴットフリート・ゼーバス氏は、この宗教改革版の成立年代を一五五二年以降とし、ルターの神学的影響を受けた宗教改革的なキリスト論的集中という性格を持つことを指摘しています。この木版画は、神が遣わされたキリストの洗礼と聖餐、そして、そこに約束された罪のゆるしにこそ、永遠の生命が約束されていることを示しています。

梯子は上るためにも、降りるためにも利用されるものです。中世的な「天国の梯子」は、自分の行為によって天上へ上る一方向に利用される梯子として描かれていました。確かに、宗教改革版の木版画も、洗礼と聖餐を通して天上の神と結びつくという仕方で、「上昇」が表現されていると指摘されるかもしれません。しかし、神学的なキリスト論的集中は、神から贈られたキリストにおける罪のゆるしの約束を中心的な内容としています。また、洗礼と聖餐、及び、そこに約束された罪のゆるしに、信仰者は地上の教会の礼拝の場で信仰によって参与します。したがって、内容的には神からキリストを通して地上へと贈られた「下降する救い」の約束とそれを受け容れる信仰が表現されています。ルターの信仰義認教説は、神と人間の人格的な関係性を内容としているので、そのことが、制作者がどこまで意図していたかは別として、結果的に梯子の双方向性を生かす仕方で、木版画の内容を変容させているとも言えるでしょう。

木版画を宗教改革的に改変した制作者が、誤った「上昇」のイメージを避けようとしていることは、木版画の上の枠外から「これによりキリスト教徒が高貴なる天に容易に上ることができる天国の梯子」という文言が削除されていることからも推察されます。確かに、「永遠の罰を恐れよ」という梯子の下の帯は残っていますが、中世的な版で「永遠の報酬を愛せよ」となっていた梯子の上の帯は、「永遠の生命」とだけ書かれています。したがって、裁きと向き合うことは、いまや「自分で功績を積む努力」を強制する中世的宗教性の文脈から切り離されています。そうではなく、永遠の命、そして、それがイエス・キリストを通して与えられているという福音を受け容れる信仰と関連づけられています。

ちなみに、木版画「天国の梯子」は、当時一般的に使用されていた紙のサイズの条件のもと、天国の梯子の絵が描かれた上部の板と地獄を描いた下部の板とに分けて彫られ、別々に印刷されていたと考えられています。ゼーバス氏は、この木版画が宗教改革的な内容に改編された時点で、別の板で刷られた地獄絵は、上部とは関係のない単独の木版画として使用されるようになったのではないかと推察しています。(9)

こうして、木版画「天国の梯子」の二つの異なる版は、ルターの宗教改革的転回の神学的内容を見事に視覚的に表現する事例として理解できるでしょう。行為義認から信仰義認への転回は、視覚的に上昇（能動性）から下降（受動性）への転換、人間から神への功績主義的上昇から神から人間へのキリスト論的下降への転換として表現されています。後者はより正確には、神と人間との人格的関係性における双方向性（受動的能動性）を内容として理解されることも補足しておきます。そして、宗教改革的転回において、神と人間との関係が、功績主義的関係性から人格的関係性に転換されていることを分かり易く表現しているのが、一五一八年の「ハイデルベルク討論」における愛についての命題です。

2　「ハイデルベルク討論」第二八論題とその論証

第二八論題で、ルターは次のように述べています。(10)

神の愛は、愛するに価するものを見出すのではなく創造する。人間の愛は、愛するに価するものから生じる。（WA1, 354, 35-36)

ルターは、人間の愛と神の愛を対置して、人間の愛は、すでにある価値を前提にするけれども、神の愛は、価値の無いところに価値を生み出す創造的行為であると主張しています。つまり、人間の愛が、対象の価値に依存する愛であるのに対して、神の愛は、対象の価値に依存しない愛であると。ルターは、この論題を論証の中で次のように言い換えています。

それゆえ、罪人は、愛されるがゆえに美しい者であり、美しい者であるがゆえに愛されるのではない。（WA1, 362, 11-12)

ルターにとって罪の問題とは、個々の行為の根本にある原罪の問題です。ルターは、ローマの信徒への手紙五章四節への講義ノートで、原罪を「自分自身へのねじ曲がり」と表現しています。したがって、ルターが「罪人」を主語にするとき、それは個々の罪の行為という道徳的な次元ではなく、原罪の呪縛に捕われ、自己中心的である人間の根源的な性質の次元で理解されています。こうして、この命題において、「罪人＝人間」は、美しいから愛されるのではなく、愛されるから美しい、という人間一般についての主張が行われています。

「愛されるがゆえに美しい者である」という主張が神の愛を、「美しい者であるがゆえに愛される」という主張が人間の愛を意味しています。この人間の愛の主張をコインの表とするならば、その裏には、美しくない者は愛されるに価しないという主張が隠れています。愛とは、関係を表わす概念ですが、人間の愛とは、まず対象の質や価値が前提とされ、そこから関係が生じる世界を表わしています。それゆえ、私の中にそのような質や価値を用意することができなければ、この愛の関係は成立しないのです。これが、宗教改革的転回で述べた能動的な義の世界です。

それに対し、神の愛の世界では、愛されるという関係が先にあり、この愛の関係を通して、愛されるに価するものとしての質や価値が現れます。ここに、質と関係との順序の逆転があります。(11) つまり、質から関係が生じるのではなく、まず関係があります。神に愛されているという関係です。そして、この対象の価値に依存しない愛によって愛されるという関係行為を通して、そして、事実としてすでに無償で愛されている関係を通して、愛されるに価する、価値ある存在としての「わたし」が現われ、存在するのです。ルターにとって、キリストの十字架は、そのような逆説・逆転が啓示されている場所でした。この十字架を通して、人は、すでに神に愛されていること、そして、その愛の関係の中で愛されるに価するものとして存在していることを経験します。それは、いかなる行為も必要とせず、ただ信仰によってのみ確信され、現実となる、十字架の神学による自己認識であり、世界認識です。これが、ルターの宗教改革的転回、受動的な義の経験の内実です。

この神の愛は、対象の価値に依存しない、つまり、無条件の愛、無償の愛です。したがって、この愛（アガペー）によって神に愛されていることに気づき、それを受け容れる者は、いかなる条件によっても失われることのない価値が自分に与えられていることを知ります。なぜなら、その価値は、いかなることも条件とされずに与えられているものだからです。ですから、人間の愛の世界の中で、この世的な価値が失われるような経験をしたとしても、決して失われることの無い永遠の価値が、ルターの主張する神の愛の関係の中に約束されています。そのような意味で、「ハイデルベルク討論」の第二八論題とその論証は、人間の不可侵の尊さについて主張した「宗教改革的な人権宣言」と言えるかもしれません。ルターの命題から、人間は、神の前に根源的に罪人であることにおいて同じであり、同時に無条件に愛されることを通して義人となり、同じ根源的な尊さを獲得するということを読み取るならば、そこに宗教改革的な人間平等の地平が示されていると言えるでしょう。

4　宗教改革のはじまりの「はじまり」

1　裁きの変容

ところで、神の義の能動的な理解から受動的な理解の変容において、しばしば、「ゆるし」が強調されます。しかし、実は、この宗教改革的な神の義の理解の変化において、「裁き」の性格もまた変容していることを確認しておく必要があるでしょう。松浦純氏がかつて指摘したように、ルターの宗教改革的な受動的義の理解は、人間の側に義はあり得ないこと、そして、行為であれ信仰であれ、神の前に人間が自分の義をもたらすことは不可能であることを主張しています。したがって、「どのような意味においてであれ、神の前で己に『義』を備えようとすることが、根源的な罪」となり、審判の対象となります。[12] ルターの宗教改革的な神学は、個々の行為が「善い」か「悪い」かではなく、むしろ、「自分の行為によって」か「神の恵みによって」かという座標軸で新しく人間と世界を理解する地平を開きました。そして、この座標軸は、新しい基準に従って、「善いもの」を善いと判断するだけでなく、「悪いもの」を悪いと判断する側面ももっています。そして、一五一七年、ルターの目に、一つの教会的行為が非常に疑わしく映っていました。すなわち、贖宥制度とその制度の中で行われていた贖宥状販売です。

2 贖宥批判

贖宥という考えは、煉獄の観念よりも古い時代にまで遡ります。[13] 八世紀のアイルランドの、特に修道院の中から教会へ広がる仕方で、個人的な悔い改めが導入され、詳細な罰の規定が作られていきました。そんな中、祈りや貧しい者への施しといった罰を他の者が代わりに実行することが可能になっていきました。最初は、そこに、聴聞司祭と悔い改めをする信仰者との、個人的で人格的な関係があり、司祭が信徒のために祈るということが行われていたようです。しかし、時代と共に、制度として形式化（非人格化）され、罰と良い行いも計量化される傾向が強まります。そして、一一世紀に、時間的罰としての償いの行為を軽減することを目的とし、それを確実に保証する制度として贖宥が用いられるようになっていきました。ほぼ時を同じくして、煉獄の観念が誕生しているのですが、それはまさに贖宥が盛んに行われる時代のはじまりでもありました。

一一世紀に十字軍参加者に贖宥が与えられ、次第に、十字軍に参加できなくとも、金銭を寄付することで贖宥が与えられるようになり、ローマへの巡礼者にも贖宥が与えられるようになりました。一五世紀になると、煉獄にいる死者のためにも贖宥が有効であるとされ、一五一〇年に、教皇ユリウス二世が、ローマの聖ペトロ大聖堂の建設資金のために、金銭による贖宥の販売を行いました。ルターの時代の教皇レオ一〇世がこれを引き継ぎます。ちょうどその頃、すでに、ハルバーシュタットとマグデブルクの司教であったブランデンブルクのアルブレヒトが、フッガー家からの借金による資金調達により、教皇からマインツ大司教にも任じられました。そこで、教皇レオ一〇世は、贖宥状販売の収益により、アルブレヒトが借金を返済し、残りの半分を聖ペトロ大聖堂建設のための収入とすることを条件に、ブランデンブルク地方における贖宥状販売を認可しました。委託を受けたのは、ドミニコ修道会士ヨハン・テッツェルでした。贖宥状販売の際に、用いられた宣伝文句を、ルターは「九十五箇条の論題」の中に取り上げています。(14)

箱の中へ投げ入れられた金が音を立てるや否や、魂が煉獄から飛び上がると言う人たちは、人間（のつくりごと）を宣べ伝えているのである。（第二七論題）

いまや、内的な悔い改めも、外的な償いの行為も無く、「天国の梯子」を確実に上昇する切符が金銭で販売されるようになっていったのです。すでに見てきたような能動的・功績主義的な義の宗教性の枠組みの中で、「突然の死の不安」を経験し、より確実な救いを求める人々、煉獄で罰を受けて苦しむ、愛する人のより確実な救いを求める人々が、生活の貧しさにもかかわらず贖宥状の購入を求める様子を見て、ルターは、教会の宗教的実践に対する批判を「九十五箇条の論題」にまとめました。

私たちの主であり師であるイエス・キリストが、「悔い改めなさい……」［マタイ四章一七節］と言われたとき、彼は信じる者の全生涯が悔い改めであることをお望みになったのである。（第一論題）

悔い改めと訳されるギリシア語の「メタノイア」は、内的な心の転換を意味しており、キリスト教徒の全生涯がこの悔い改めであるとルターは主張しています。ルターは、この論題で、義認思想を前面に出して語ってはいません。しかし、神との新しい関係性から、贖宥批判を行っていることは、他の論題や次の年に出版された解説の端々からうかがえます。例えば、第七論題の解説の中で次のように述べています。

　それゆえ、私たちは行為によってでもなく、悔い改め［の秘跡］によってでもなく、あるいは告白によってでもなく、信仰によって義とされ、信仰によってまた平安とされる。

　ルターの論題は、中世以来、人々の死生観に大きな影響を与えてきた煉獄思想の宗教的な意義を根本から問い直すものとなっています。『煉獄の誕生』の著者、ル・ゴッフは、現世の延長として理解されていた煉獄に、生者と死者の連帯という特徴、そして死後の世界に対する生者の——特に教会の——影響力の拡大という事態を観察しています[15]。人は死を通して、教会法の束縛から解放されるという主張は、したがって、贖宥制度を、生者と死者の連帯を可能にする制度として、あるいは死後の世界のあり方を自由に操作する越権行為を保証する制度として理解することを根本から否定するものとなっています。こうして、ルターの贖宥批判によって、生きている者の死後の世界に対する自由裁量権の拡大を可能にする精神的な装置としての煉獄は、その意味を失うことになりました。また、ルターの内面化、人間学的な問題として理解された原罪とそのゆるし（義認）の理解は、煉獄思想の変容をもたらしています。

　死に臨んでいる人たちの不完全な信仰や愛は、必ず大きな恐れを伴う。そして愛が小さければ小さいほど、恐れは大きいということになるだろう。（第一四論題）
　この恐れとおののきは（他のことはいわずとも）、それだけでも十分に煉獄の罰をなしている。なぜ

なら、それは絶望のおののきにもっとも近いからである。（第一五論題）

地獄、煉獄、天国が異なっているのは、絶望、絶望に近いこと、救いのたしかさが異なっているのと同じように思われる。（第一六論題）

当時、煉獄の観念は、贖宥の理解とセットで、当時の教会の様々な信心の実践形態と財政収入を支えてきた「要」とも言えるものでした。しかし、ルターによって、煉獄が贖宥制度から切り離されています。ルターは煉獄について語っているのですが、それはもはや死後のことではなく、むしろ、現世における、いまここでの死の恐れの体験として説明されているのです。この実体的な理解から実存的な理解への変化に、マルティン・ブレヒトは、煉獄の「非神話化」を見ています。[16] ルターの煉獄についての語りでは、死に臨む人自身が、その人生と経験の主体として注目されています。そして、問われているのは功績ではなく、死に臨んでいる人の信仰です。

ここで、もう一度、最初にルターの死の記憶について述べたことを思い出してみてください。一五四六年二月一七日の夜、アイスレーベンの「死に臨む人が横たわる部屋を満たすもの」は何であったのか。それは、煉獄への恐れでも、贖宥を獲得することへの希望でも、煉獄の救いを保証する様々な宗教的儀礼でもありませんでした。あるいは、これまでの悪い行いに絶望するのか、それともこれまでに積み重ねてきた良い行いに期待するのか、という問いかけでもありませんでした。

そこには、突然襲ってきた死を前に、この世の一切のものがもはや何の役にも立たず、魂はむきだしにされています。そのような「むきだしの魂」で神の前に立ち、一人の人格として神と向き合いながら、最期の時を迎えようとしている一人のキリスト教徒が横たわっています。彼は、もはや自分にできることは、神によって愛されていることを信じ、この愛の関係の中で永遠に自分が肯定されていることを受け容れることだけだということを知っていました。「死に臨む人」にとって「はい」、ドイツ語で「Ja」という言葉だけで、十分だったのです。恵みのみ、すなわち、無償で愛されていること、究極的に存在が良しとされていることへの信仰のみ、それが、ルターの部屋を満たしているものでした。

3 「九十五箇条の論題」の影響

ルターは、この論題を一〇月三一日付の手紙に添えて、マインツの大司教アルブレヒト・フォン・ブランデンブルク宛に送付しました。この論題をヴィッテンベルク城教会の扉に貼りだしたかどうかについては諸説ありますが、マインツ大司教に送付したことは確実です。重要なことは、ルターが、修道院の僧房やヴィッテンベルク大学の講義室を越え出た公の場所に、この論題を公表したということです。そして、この公表をきっかけに起こる論争が、一方で、ルター自身の神学的認識を発展させ、他方で、彼の周辺世界を巻き込み、後にヨーロッパを二分する論争を導くことになったのです。[17]

ルター自身は、「九十五箇条の論題」の公表によって、大きな騒ぎを起こすつもりなど全くありませんでした。一五四五年の「ラテン語著作全集」第一巻の序文の中で、ルターは、原因は「九十五箇条の論題」を添えて送った手紙に真摯に対応しなかったマインツの大司教とローマの教皇にあると主張しています。

しかし、私の意見では、マインツの人（ブランデンブルクのアルブレヒト）が私に勧告されたあの最初のときから、この忠告をとりあげていたなら、そして最後に教皇が、話を聞きもせずに私に罰を与えたり、教皇勅書によって激怒する前に（中略）直ちにテッツェルの無謀な行為を制圧していたなら、

問題は、このように大きな騒ぎにはならなかったであろう。全体の責めは、マインツの人にある。(18)

ルターが公表した論題は、ルターの意図とは異なる仕方で、マインツ大司教を通してローマ教皇庁にも知られるところとなりました。そして、ルターに対する審問のプロセスが始まり、さらには教会と神聖ローマ帝国内の権力を巻き込んだ政治的問題へと発展していくことになります。したがって、この論題の公表が、ルターの神学的発展にとっての重要な契機であるだけでなく、世界史的出来事としての宗教改革にとって一つの重要な歴史的契機となったことは確実です。そのような意味において、ルターによる「九十五箇条の論題」の公表を「宗教改革のはじまり」と見なすことができるのです。

4　神の恵みに捕えられた一個人の良心

ただし、忘れてはならないことは、そのような歴史的な意味における「宗教改革のはじまり」の「はじまり」に、偉大な宗教改革者としてのマルティン・ルターではなく、「突然の死の恐怖と不安」に苛まれ、自己の究極的な、そして確かな存在の根拠を求めた一人の青年とその悩める良心が存在したということです。

その青年は、修道院の中に確実に天国へと上昇する救いの道があると信じ、自分にできる限りの善い行いを実践します。しかし、永遠の命を獲得しようと努力すればするほど、自己の有限性や自己中心性の問題にぶつかります。しかし、まさにその絶望の経験の中で、人間の救いは、外から、ただ神の恵みによって与えられ、人間には、この神の恵みを受け容れる信仰のみが求められているという信仰義認の理解に到達したのです。宗教改革的転回と呼ばれる経験、当時の宗教性の中で苦しむ良心の解放の経験がそこにあります。

この神の側から圧倒的に与えられる恵みに捕らえられた一人の修道士の良心は、彼が責任を持つヴィッテンベルクとそこに生きる人々を前にして、もはや沈黙していることができませんでした。今度は、当時の宗教性の中で苦しむ、同胞の良心を解放するために、彼が聖書から汲み取った救いの確信を公に語り始めたのです。

こうして、宗教改革のはじまりの「はじまり」に、一人の人間の良心があります。罪人である人間に愛されるに価する価値を創造する神の無償の愛を経験し、「信仰のみによる義認」という救いの確信にとらえられた一人の人間の良心です。ゲッティンゲン大学神学部のトーマス・カウフマン教授は、この「良心の活動」がルターに勇気と自由を与えたと指摘しています。(19) そこに、一五一七年の「九十五箇条の論題」にはじまり、一五一八年のアウクスブルクの審問、一五一九年のライプチッヒ討論、そして一五二一年のヴォルムス帝国議会でも、その帰結を顧みず、真実を公の場で表明するルターの勇気、ルターの自由の根底があるというのです。

宗教改革を想起するとき、「ルターという個人」を英雄視するのではなく、むしろ、「個人としてのルター」に注目したいと思います。一人の存在は、弱くて小さな、有限な存在です。しかし、そのような一人の人間の、しかも、人間存在が最も弱さを感じているところでの精神の営みが、いかに世界に大きな影響を、しかも人間解放をもたらし得るものであるのか。ルターの卓越性は、ルター個人にとどまらず、私たちに、神の前に立つ個人とその良心の豊かさ、良心に基づく勇気と自由、そして改革への可能性を示しています。

5　おわりに――宗教改革的精神の継承

宗教改革から五百年を迎える今日、外面的には、宗教から遠く離れたように思われる世俗化した世界を生きているため、多くの人は、ルターが悩んだ宗教的問題と関係の無い世界を生きていると思っているかもしれません。しかし、ルターの時代の人間が経験した、最後の審判と永遠の死の不安という宗教的な枠組みの中で経験された、究極的な存在の根拠をめぐる問題は、現代では、世俗化した社会の枠組みの中で経験されているように思われます。例えば、日常の社会的関係や経済の原理が絶対視され、社会の要求に常に応えるための自己形成や自己評価を強制されるとき、私たちは、自己の存在の意味や価値の喪失、さらには、尊厳の喪失の危機にさらされます。

このような現代の観察から、私たちが相変わらず、しかも切実に、ルターが「ハイデルベルク討論」で示した人間の愛の世界と神の愛の世界の、いずれを人間が生きる世界の本質と見なすのか、問われる状況に生きていることが見えてきます。宗教改革の歴史と思想が提示する、上昇の救いの宗教性と下降の救いの宗教性の対向は、こうして、過去の歴史に生きた人間の幻（ビジョン）にとどまるものではなく、むしろ、現代に生きる私たちにも根源的に関わる精神世界の問題を神学的・象徴的に表現し、いまを生きる私たちに問いかけているように思えてなりません。

制度的な宗教に関わらないでいること、あるいは、世俗化された現代に生きること、あるいは、最先端の科学技術を所有することによっても、ルターが対峙した究極的な存在の根拠をめぐる問題の解決がもたらされることはなく、死の恐怖や自己の存在に不安をもたらす力の支配からの自由が保証されることもありません。宗教改革のはじまりの「はじまり」、そしてその生涯の「おわり」にルターの良心が対峙した問題は、私たちの人生の「はじまり」にも「おわり」にも存在しています。

もし、ルターが私たちの時代の言葉を語る改革者として登場するならば、功績主義的思考が人間の究極的な存在の価値を支配し、良心を苦しめるとき、どこででも、その場所で、「罪人である人間は、それにもかかわらず、愛されているから美しい」という信仰を、その時に相応しい言葉で語り、実践し、そのような能動的な義の支配に対抗していくのではないでしょうか。そこに、ルターの宗教改革の現代への一つの重要なつながりを見いだすことができるのではないでしょうか。

社会の様々な関係性の中で、人間が疎外され、存在それ自体の価値が脅かされるとき、ルターの信仰義認についての神学的思想は、それに対する警笛を鳴らし、人生と世界について根本的に問いかけ、生きる勇気を呼び覚ますアクチュアルな思想として経験されることができると思います。

（1） 本稿は、二〇一七年六月二〇日に公益財団法人日本キリスト教文化協会により教文館9階ウェンライトホールにて開催された「宗教改革五〇〇年記念連続講演会」で「ルターの生涯と宗教改革」というタイトルで行われた講演の内容を一部整理し、加筆修正してまとめたものである。

（2） ルターが死に臨む様子を記録した報告については、拙著『ルターから今を考える――宗教改革五〇〇年の記憶と想起』日本キリスト教団出版局、二〇一六年（以下『ルターから今を考える』と略記）、第一章「ルターメモリアのはじまり」の中でより詳細に紹介している。

（3） Volkmar Joestel, „Hier stehe ich!“ Luthermythen und ihre Schauplätze, Janos Stekovics, Wettin-Löbejün OT Döẞel, 2013, S.62.

（4）R・ベイントン、青山一浪・岸千年訳『我ここに立つ』聖文舎、一九七四（一九五四）年、三頁。
（5）ルターの修道院入りの経緯については、拙著『ルターから今を考える』第二章「修道士であり、修道士でないルター」を参照のこと。ルターは身近な人々の死の経験を通して、人生に悩んでいたのかもしれない。落雷による「突然の死の恐怖」は、ルターに最終的な態度決定を促す契機となったようである。
（6）ルター、徳善義和ほか訳『ルター著作選集』教文館、二〇一二年、六四三頁。
（7）Gottfried Seebas, Die Himmelsleiter des hl. Bonaventura von Lukas Cranach d Ä – Zur Reformation eines Holzschnitts, Heidelberg 1985, S.43, Abb.26.
（8）Ebd., S. 24, Abb. 16.
（9）Vgl. Ebd., S.15-16 u. S.29-32.
（10）「ハイデルベルク討論」については、拙著『ルターから今を考える』のコラム「人間の愛と神の愛」により詳細に論じている。
（11）松浦純『十字架と薔薇　知られざるルター』岩波書店、一九九四年、二一六頁参照。
（12）松浦、前掲書、一六八―一六九頁参照。
（13）Vgl. Gustav Adolf Benrath, “Ablaß”, in:TRE (Studienausgabe), Bd.1, Berlin, 1993, S.347-364.
（14）贖宥制度については、拙著『ルターから今を考える』第三章「神のことばとの出会い」の中で、悔い改めの秘跡との関連で説明をしている。また、同章では、ルターの信仰義認の理解や原罪理解をふまえ、「九十五箇条の論題」の他の論題についても紹介し、解説している。
（15）J・ル・ゴッフ『煉獄の誕生』法政大学出版局、一九八八年参照。
（16）Martin Brecht, Martin Luther, Bd.1, Stuttgart, 1981, S.190.
（17）小田部進一「ルター伝と宗教改革史叙述における『95ヵ条の論題』（一五一七年一〇月三一日）についての一考察――20世紀以降のドイツにおける議論を中心に」（『神学研究』関西学院大学神学研究会、第六五号、二〇一八年)、七—二六頁参照。

(18) ルター、前掲書、六四五頁。

(19) 宗教改革のはじまりに観察される様々な歴史的要因から区別される独自なものとして、カウフマン教授は、ルターの良心の活動を「この［宗教改革の］はじまりのはじまり」にあるものとして強調している。本稿の副題等は、このカウフマン教授の指摘に刺激を受けてつけられたものである。T. Kaufmann, Der Anfang der Reformation – Studien zur Kontextualität der Theologie, Publizistik und Inszenierung Luthers und der reformatorischen Bewegung, Mohr Siebeck, Tübingen, S.184.

恩寵義認

ルター神学の核心

江口再起

1　はじめに

宗教改革運動は広範囲にわたる運動であった。教会制度の改革、礼拝改革、さらに教育改革や社会改革（「共同金庫規定」など）にまで及んだ。宗教改革が「近代」の幕を開けたと言われる由縁である。しかし、それゆえにこそ、その運動の軸（中心）をしっかり押さえておかねばならないだろう。つまり、宗教改革運動の発端を切り開いたルターの信仰思想（神学）を考えることが大事である。

ルターとは何者か。ルター神学とは何か。ルターは当時の教会の堕落に抗して立ち上がった勇気ある単なる正義の英雄ではない。改革に立ち上がったことには間違いないが、その背後に信仰と思想があった。ではルターの信仰思想、つまりルター神学の核心とは何か。

よく「宗教改革の原理」という言い方がなされる。語る文脈によって一定ではないようだが、「信仰のみ・恵みのみ・聖書のみ」と言ったり、「信仰義認・聖書原理・万人祭司」と言われたりもする。A・トヴェステンは「聖書の権威」をプロテスタントの形式原理、「信仰義認」を内容原理と名付けた。ここでは信仰義認を中心に語りたいと思う。つまり、信仰義認の教えこそがルター神学の核心である。以下、信仰義認について考えていきたい。

2　信仰義認への問い

1　パウロとルター

信仰義認の教えは、もちろんルターの独創ではない。聖書の教え、わけてもパウロから、ルターが学び、ここにこそ神と人との関係の中心問題があると強調した教えである。

パウロについて、信仰義認に関連してしばしば取り上げられるのは次のような箇所である（日本聖書協会「新共同訳」）。「今や……神の義が示されました。すなわち、イエス・キリストを信じることにより、信じる者すべてに与えられる神の義です。……人は皆、罪を犯して神の栄光を受けられなくなっていますが、ただキリスト・イエスの贖いの業を通して、神の恵みにより無償で義とされるのです」（ローマ三・二一―二四）。「聖書には何と書いてありますか。『アブラハムは神を信じた。それが、彼の義と認められた』とあります。……不信心な者を義とされる方を信じる人は、働きがなくても、その信仰が義と認められます」（ローマ四・三―五）。「……人は律法の実行ではなく、ただイエス・キリストへの信仰によって義とされると知って、わたしたちもキリスト・イエスを信じました。これは、律法の実行ではなく、キリストへの信仰によって義としていただくためでした」（ガラテヤ二・一六―一七）。なお、これらのパウロの言葉をどのように解釈するかについては当然、様々な議論がある。ガラテヤの信徒への手紙二章一六節については、後述する。

かかる義認の教えについて、ルターは「この信仰箇条と共に教会は立ちもし、倒れもする」（WA40III, 352）と語ったのである。

2 信仰義認論

信仰義認論。もう何度も何度も聞いてきた。人は信仰によって罪ゆるされ義とされる、つまり救われる。しかし、この表現は実はやや曖昧である。より正確に言えば、こうなる。メランヒトンが起草した『アウグスブルク信仰告白』第四条を引用する。「われわれは、恵みにより、キリストのゆえに、信仰を通して、罪の赦しを得、神の前に義とされる」（ルター研究所訳。なおドイツ語原文は次の通り。"… daß wir Vergebung der Sünde bekommen und vor Gott gerecht werden aus Gnade um Christi willen durch den Glauben, …"）。

この信仰義認論には、当然、ルター的文脈がある。ルターが当時のカトリック教会の問題点として見出した、いわゆる「行為義認」（つまり、人が救われるのは神の恵みのみならず、その人の善行が必要であるという教え）に対して「信仰義認」と言われるのである。仏教の用語で言った方が分かりやすいので、それを借用すれば、人間の善行などという「自力」でなく、神から一方的にいただく「他力」によって、つまり神の恵みによって人は義とされ救われる、というのが信仰義認論である。自力でなく、他力ということである。

3 誤解

ところが、信仰義認という言葉が、人は「信仰によって」義とされ救われる、更に強調されて、人は「信仰のみによって」義とされ救われる、と慣用句的に使用されているうちに、微妙な、しかし重大な誤解が定着したようである。どういうことか。

その人が義とされる（救われる）のは、その人の信仰のある・なし、その信仰の熱意の量的質的な強さ・大きさが、更に言えば洗礼を受けているかどうかが、その人の救済の決め手のごとく理解（実は誤解）されているのである。その人が、神の存在を認め、神の守り支えに対して熱い信念をもっていること、つまりその人の「信仰」によって、救われるかどうかが決定するというのである。しかし、これでは結局、その人が救われるかどうかは、その人の、あえて言えば「信仰力」によって決するわけで、まさに「自力」であり、つまるところ「行為義認」と同じことである。

信じる力であれ、その信仰に基づいた善行であれ、とにかく人間の力（自力）では人は救われない。人は神の力（恵み、絶対他力）によってのみ救われるというのが、信仰義認論の本意であるとすれば、上述の理解の仕方は、ルターの意図の一八〇度、逆である。いささか結論を急いだが、以下、もう少していねいに考えていこう。

4　信仰によって

人は信仰によって義と認められる、これが信仰義認の教えであると言われるが、ここで（日本語表現として）問題になるのが、「信仰によって」の「〜によって」という表現である。ドイツ語では、信仰義認は“die Rechtfertigung durch den Glauben”であるが、“durch”は、「〜を通して」の意。つまり「信仰を通しての義認」ということである。あるいは英語では、“justification by faith”であり、“by”も「〜通して」であり（つまり“through”と同じ）、やはり「信仰を通しての義認」である。

ところが日本語で「信仰によって義とされる」と言ってしまうと、この「～によって」は、多くの場合、原因を表わす「に因《よ》って」となり、どうしても人の信仰が原因となって義認が生じるという語感が伴うこととなる。しかし、原因―手段―結果という少し単純化した言い方をすれば、「信仰によって義とされる」という場合、この「～によって」は原因の「よって」でなく、「手段」の「よって」であり、つまり「～を経由して、～を通して」の意と解すべきなのである。ところが、ほとんどの場合、どうしても原因の「よって」と解されて、信仰が原因となって義とされると理解（実は誤解）されている。しかし、人が義とされる原因は、人の信仰という名の自力でなく、神の恵みという（絶対）他力なのである。

5　信仰のみ（sola fide）

さらに話をややこしくさせているのが、ルターの専売特許である「信仰のみ（sola fide）」という言葉である。ルターは、ローマの信徒への手紙三章二八節の「人が義とされるのは律法の行いによるのでなく、信仰による……」という文章の「信仰による」を、ドイツ語に翻訳するに際して、ギリシア語原文にない「～のみ（allein）」というドイツ語をわざわざ挿入して、「信仰のみによる」と訳した。その理由は聖書が語るその神学的核心を鮮明にするためと、ドイツ語の文章としての自然さを保つためであった。ともあれルターは人々から「～のみ主義者」と呼ばれることを喜びさえした（『ガラテヤ大講解』二章一六節の注解）。

こうしたわけで、ルターといえば「信仰のみ」、「信仰のみ」といえばルターという具合に、「信仰のみ（sola fide）」という言葉が一人歩きし、なにはなくても、とにもかくにも信仰が一番大事というふうに単純に受けとめられ、やがて人が義とされる原因は「信仰のみ」による、という具合に通俗的な誤解が蔓延することともなった。

しかし、ルターが「信仰のみ」と主張したのは、その前提（文脈）があるわけで、それはルターが論争の相手とした当時のカトリックの主張である、人が救われるのは「信仰と善行」であるという「行為義認」の考えに対して、それに対抗するために「信仰のみ（sola fide）」と力説したのである。しかし、人が救われる原因は信仰ではない、ましてや「信仰のみ」ということではない。人が救われる原因は、神の「恵みのみ（sola gratia）」なのである。

6　キリストのピスティス（信

信仰義認論の聖書的根拠として、しばしば挙げられる箇所は、先にも指摘したとおり、パウロのローマの信徒への手紙三章二二節やガラテヤの信徒への手紙二章一六節であるが、そこで鍵となる言葉は、「キリストのピスティス（pistis Christou）」である。こう記されている。「イエス・キリストのピスティスにより、信じる者すべてに与えられる神の義」（ロマ三・二二）、「ただ、イエス・キリストのピスティスによって義とされる」（ガラテヤ二・一六）。この「キリストのピスティス」を日本聖書協会「新共同訳」では、「キリストへの信仰」と解釈し、そのように訳している。

しかし、この「キリストのピスティス」に関しては、次の二点について解釈上、深刻な論争がある。第一に、「キリストのピスティス」の、この「の」をどのように解釈するのか。第二に、「ピスティス」の意味についてである。

まず第一に、「の」の問題。この「の」を主格的属格と把えれば「キリストの（神への）ピスティス」となり、ギリシア語としては最も正解。しかし異論もある。この「の」を目的格的属格と解し「キリストへのピスティス」と考える。多くはそのように解釈されている（「新共同訳」もそうである）。

次に「ピスティス」の意味。ギリシア語の「ピスティス」（ラテン語の"fides"も、ほぼ同じ）は、元来、「誠（実）」という意味であり、「信仰」では意味がずれる。そこでK・バルトは、この「ピスティス」を「Glaube（信仰）」でなく、「Treue（誠実）」とドイツ語訳している（このバルトのドイツ語訳Treueを、日本語に訳す場合、多くは「信実」と訳している。しかし「信実」とは聞き慣れない日本語であり、「広辞苑」では「正直」という意味になっている。つまり「キリストの正直」ということになる。これでは意味不明）。

さて、では「キリストのピスティス」を、どう解釈すべきか。率直に考えて、「キリストの信」とすべきであろう（つまり「キリストへの信（仰）」ではない）。この場合の「信」とは、誠実さに裏打ちされた信念・信頼・信仰を含んだ「信」である。そうであるとすれば、「ただイエス・キリストのピスティスによって義とされる」（ガラテヤ二・一六）の意味は、われわれ人間は「キリストの（神への誠実な）信」によって義とされる（救われる）、ということであり、多くの場合解釈されてきたように、人間は「キリストへの信仰」によって義とされる、ということではない。

一体ここで何が問題になっているのか。それは人間のキリスト（神）への信仰の前にすでに「キリストの信」があり、それによって人間は救われているということ、つまりわれわれ人間にとって「キリストの信」そのものがいわば神の一方的な「恵み」であって、その恵みによって人は義とされるということなのである。そして人間にできることは、かかる（この場合は）「キリストの信」というかたちで一方的に贈与された神の恵みを受け入れること（これが、人間の信仰）のみなのである。つまり、まさに「恩寵義認」である。人は神の恩寵（恵み）によって義とされ救われる。そして、そのことをわれわれ人間は信じる。つまり「恩寵義認」信仰なのである。

二点、書き添えておきたい。神学者滝沢克己の語る、神と人との根源的関係である「インマヌエルの原点（神、われらと共にあり）」とは、この神の一方的な恵み（恩寵）のことである。第二点、新約学者佐藤研は、上記の「キリストのピスティス」を検討して、パウロの中に「信仰義認」などない、あるのはその逆の「義認信仰」であると主張している（『旅のパウロ――その経験と運命』岩波書店、二〇一二年、二二四頁）。言いえて妙である。

3　恵みのみ（sola gratia）

1　神の贈与性

いわゆる信仰義認の本意はどこにあるのか。もう一度、虚心坦懐に考えてみよう。人が神によって義と認められ救われるのは神の力（恵み、絶対他力）による。人の力（自力）ではない。人の信仰力でもなければ、善行力でもない。ただ神の「恵みのみ（sola gratia）」による。その神の恵みを、人は善行を積み重ねることによって獲得するのでなく、その恵みを神への信仰（信頼と感謝）をもって受けとめ受け入れるのである（信仰のみ）。この意味で人は信仰を通して（によって）義とされるのである。原因―手段―結果という言い方をすれば、「神の恵み」が原因であり、「信仰」はいわば手段、そして「義認（救済）」がその結果なのである。

つまり端的に言えば、救済（義認）とは、神による無償無条件の一方的な人への贈り物（プレゼント）なのであり、神の贈与そのものなのである。

そこで一つの提案。「信仰義認」という表現は、上述のようなわけで誤解を生じやすい。神の恵み（恩寵）

によって人は義と認められるのであるから、むしろ、単刀直入に「恩寵義認」という表現の方がよいのではなかろうか。

2　塔の体験（宗教改革的転回）

ルター神学の核心、それは信仰義認、いやより正確に言い直せば恩寵義認である。別の言葉で言えば、神の恵み、恵みの神の再発見である。神学的には、この発見のことをルターにおける「宗教改革的転回（der reformatorische Durchbruch）」と呼んでいる。彼がこうした再発見（認識）に達したのはヴィッテンベルクの修道院の塔の小部屋でのことであったと伝えられており、そこで「塔の体験」とも呼ばれている。

「塔の体験」の具体的なことについては、あまりはっきりしない。恐らく「塔の体験」とは、ルターの初期聖書講義において深まっていった「神の義（iustitia Dei）」という言葉の解釈をめぐる一連の成熟のプロセスのことであろう（第一回詩編講義の詩編七一編解釈（一五一四年秋）から、ローマの信徒への手紙、ガラテヤの信徒への手紙、ヘブライ人への手紙を経て、第二回詩編講義（一五一八年）には成熟完成していたであろう）。

落雷体験（一五〇五年）を切っ掛けに修道士になったルターではあったが、心の中は平安ではなかった（修道院での試練）。なぜならルターにとって神とは「怒り裁く神」であったからである。ところが彼は「神の義」という言葉の真意を理解することを通して「恵みの神」に出会う。これが「塔の体験」の内実である。ルターは晩年（一五四五年）、『ヴィッテンベルク版ラテン語著作全集』第一巻の序文（WA54, 179-187）を書いているが、そこにその内実が詳しく論じられている。以下、その要点をみていこう。

・ルターは、「神の義」という言葉を理解できなかった、いやその言葉を憎んでいた。

・なぜなら「神の義」を能動的義として理解するように教えられていたからである。能動的な神の義とは、神は義であり、その義によって罪人を罰する、そういう義である。

・と言うことは、混乱し不安な良心をもった罪人である私も罰せられる他ない。したがって私は神を憎んだ。

・ところがローマの信徒への手紙一章一七節にはこう書いてある、「神の義は、福音の中に啓示されている」と（つまり、神の義は呪い（罰）の中に啓示される、とは書いてない）。

・と言うことは、つまり「神の義」とは、神の賜物（神からの贈り物・プレゼント）ではないか。プレゼントはもらうものである。つまり「神の義」とは、「受動的な神の義（iustitia dei passiva）」と理解すべきである。すなわち「神の義」とは、神は義であり、その義を（無償・無条件で）私にプレゼントして下さる、そのような義である。

・まさに私は義とされた（義認＝救済）。私は全く新しく生まれかわり、天国の門が開かれた。

以上がルターの「塔の体験」の中味である。「神の義」は賜物である。つまり救い（義認）は、神からのプレゼントであり、神の贈与そのものである（神の贈与性）。まさに「恵みのみ（sola gratia）」と言えよう。

4　ルターの信

1　「キリストのピスティス」へのルターの解釈

いわゆる信仰義認をより内実に即して正確に表現すれば、恩寵義認と言うべきであろうということが、この講演の主旨である。つまり我々は、神の恵み（恩寵）を信じるのである。そこで次に問いたいことは、では「信じる（信仰）」とはどういうことかである。

先に「キリストのピスティス」について考えてみた。さて、そこで問われるべきは、ルターである。ルターは「キリストのピスティス」をどのようにドイツ語訳したのか。Glaube an Christum（キリストへの信仰）と訳している。しかし「キリストのピスティス」は前述したように、「キリストの信」であって、「キリストへの信仰」ではない。ルターはギリシア語をドイツ語に翻訳したとき、誤訳をしたのであろうか。

この問題に関して竹原創一（「ルターにおける「信仰」の意味――能動・受動の関係」、『キリスト教学』55号、立教大学キリスト教学会、二〇一四年）が、きわめて的確な指摘をしている。竹原によれば、ルターは「信仰」について論じる際には、常にギリシア語・ラテン語のみならず、ヘブライ語の発想を考慮しつつ考えた。すると、そこには信（仰）における神と人との「相互性」が浮かび上がるという。ギリシア語・ラテン語的に言うと「キリストのピスティス」は、「キリストの信」だが、ヘブライ語的に言うと人の「キリストへの信仰」となる。そこでルターは「キリストのピスティス」をGlaube an Christum（キリストへの信仰）と翻訳したのである。そういうわけで、竹原は次のように結論づける。ルターは信仰を考える場合、まず「キリストの信」を前提とした上で、その「キリストの信」への人間の側からの、いわば二義的な応答として「キリストへの信仰」を考えていた。そこで「キリストのピスティス」を「キリストへの信仰」とドイツ語訳した。つまり、ルターは信仰における、神と人間との相互性を考えていたのである、と。

実際、事実ルター（『奴隷意志論』）は次のように言う。「『キリストの信仰』（fides Christi）は、ラテン語でキリストが持っておられる信仰という意味にとれる。しかし、ヘブル語では、『キリストの信仰』という言い方は、キリストに対していだかれる信仰、と解される」（『ルター著作集』第一集七巻、四四七頁）。

「信仰」という場合、従来ほぼすべて判で押したように、人から神（キリスト）への信仰を考えるのであるが、それはあまりに安易である（「新共同訳」、「岩波版訳」等）。むしろ、神から人への方向、つまり神の側の人間への「信（誠実なる信念）」がまずある（それが神の意志・御心であり、つまり恩寵である）。「神の信」がまずあって、しかる後にそれへの応答として「人間の信仰」が成り立つのである。信仰の二重性である。

2　信仰の二重性

信仰は、二重性をおびている。それは前述のように、まず「神の信」、つまり「神の誠実な（人間を救うという）信念」、そして次にその「神の信」への応答としての「人間の信」、つまり「人の誠実な（神への）信仰」である。「神の信」と「人間の信仰」。これがルターの信仰観である。別の言い方をすれば、人が義とされ救われるのは、確かに人の「信仰」を通してであるが（「信仰のみ」）、その人のその信仰すら、そもそも神からの賜物なのである。

ルターの『ロマ書序文』には、このことが次のように鮮明に説明されている。まず第一に「信仰とは、我々のうちにおける神の働きである」、つまり神の賜物。そして第二に「信仰とは、〔そうした〕神の恵みに対する〔われわれ人間の〕生きた大胆な〔神への〕信頼である」。つまり、いわゆるわれわれ人間の信仰である。ちなみにP・ティリッヒは、このことを「受容の受容（accept acceptance）」と表現した。神がまずわれわれ人間を受け容れ（恵み）、そしてその受け容れられたことを次にわれわれ人間が受け容れるのである。これが信仰である。

再度、整理する。まず神の働き（恵み）、そしてその働きを受け容れること。この受け容れ（自覚と感謝）が、人の信仰である。つまり、「恵み」と「信仰」とは、言うなればメダルの裏表なのである。と言うことは、人間の信仰とはその原型を探れば、受け容れること、つまり受動性である。それゆえ、ルターが「塔の体験（宗教改革的転回）」でパウロの言葉から再発見したと言われる「神の義」も受動的に受け容れるものとしての「神の義」、すなわち「受動的な神の義」（iustitia dei passiva）」なのである。まさに「喜ばしき受動性（ein frolich leyden）」（ルター『マグニフィカート』）である。

3 受動的能動性の信

神の恩寵、それを受け容れる人の信仰。まさに人間の基本型は受動性である。しかし、かかる信仰の受動性は、そこで完結するわけではない。その受動性は能動性へと展開していく。なぜか。それは人間という存在が、「神の前（coram Deo）」で生きるのみならず、「人々の前（coram hominibus）」で生きるからである。「神の前」、そして「人々の前」、これが人間存在の絶対条件である。そして「神の前」で受動的なる存在である人間は、「人々の前」で能動的に生きていく。

『キリスト者の自由』冒頭の二つの基本的テーゼが、そのことを示している。

・「キリスト者は、すべての者の上に立つ自由な君主であって、だれにも服しない」。

・「キリスト者は、すべての者の下で奉仕する僕であって、だれにも服する」。

「神の前」に立つ者としての人間（内的人間）は受動的に神によって受け容れられ義とされ救われたがゆえに「自由な君主」であり、「人々の前」に立つ者としての人間（外的人間）は、義とされ救われたがゆえに他の人々に対し能動的に愛の業に励むことのできる「奉仕する僕」なのである。信仰の受動性が、人々の間では愛の働きの能動性となって展開していくのである。

と言うわけで、ルターの信仰論を一言でまとめれば、「受動的能動性の信」ということになる。

ところで余談を一つ。マックス・ウェーバー（『プロテスタンティズムの倫理と資本主義の精神』）が、ルター派とカルヴァン派を比較して面白いことを述べている。ルター派が自らを「神の力の容器《うつわ》（Gefäß）」と感じるのに対し、カルヴァン派は自らを「神の力の道具（Werkzeug）」と感じると論じているのである。容器と感じているルター派の宗教生活は、したがって「神秘的感情（内面性）」が中心となり、他方道具と感じているカルヴァン派の宗教生活は「禁欲的行為（善行）」に傾くというのである。あえて比較すればウェーバーの論ずることもうなずけるが、現実の宗教生活の場合、この容器と道具（受動性と能動性）は連動展開してくのであろう。

5　結論——恩寵義認

はじめに（人の）信仰があって、そしてその信仰が義認（救済）を生むのではない。逆である。信仰が義認を生むのでなく、神の人への義認（救済）が信仰を生むのである。人間は、あくまで神の恩寵による義認を、信じるのである。と言うことは、「信仰義認」という慣用的な言い方は、人間の信仰ゆえに義とされるという具合に誤解をまねきやすい。人間はあくまで神の恩寵ゆえに義とされるのであり、そしてそれを人は信じるのである。

そこで再度、提案。「恩寵義認」を信じる、と鮮明に言うべきではなかろうか。

本講演と同趣旨の拙稿「『恩寵義認』信仰論」（『教会と宣教』22号、日本福音ルーテル教会東教区宣教ビジョンセンター発行、二〇一六年）を参照していただければ幸いです。なお同論考には、本講演ではふれることができなかった、ルター神学の基礎構造としての「ソラ（sola）とシムル（simul）」の問題や「中動態」の問題についても論じています。

Ⅱ　宗教改革と芸術

宗教改革と美術
イメージの力

遠山公一

序

「宗教改革と美術」という誠に困難な題目を与えられ困惑しております。と申しますのも、私自身は銀座教会に通っていつつも、普段は美術史家として、改革される側のイタリアの美術を学び、講じているからです。

「困難な題目」と申しましたのは、宗教改革者たちは総じて美術に厳しく、禁欲的な態度を取っていたからです。したがって、美術にマイナスな話をどうしてもしなければならず、美術を学ぶ側には、大きなストレスがあります。

そのマイナスなことというのは、イコノクラスムのことです。これを聖像破壊と訳します。画像批判者は、絵画であれ、彫像であれ、つまりそれまで崇敬の対象であった聖母子像あるいは聖人などを表した聖像を、偶像崇拝を畏れる余りに、壊してしまえとさえ主張し、実際に幾たびもイコノクラスムが起きました。お手元の配布プリントをご覧下さい[1]。その場合、キリストの像であれ、聖人像であれ、それを祈ったならば、つまり像を前にして祈ったならば、偶像崇拝であるとされました。偶像とは、崇拝対象とされる像のことを意味するのです。

長い歴史のうちで、聖像破壊という出来事は、実は宗教改革の時に限った話ではありません。

古代から中世に至る間に、特に東方キリスト教会では聖像破壊がたびたび起き、聖画像崇敬の是非について極めて深刻に話し合われました。そのために人の手によらない（アケイロポイエーシス）と見なされたイコンというものが生まれたのです。また、フランス革命時における教会の破壊や、明治政府による廃仏毀釈のようなことも聖像破壊と見なされます。

かつて東方キリスト教会が畏れ、時には破壊せよとさえ命じた聖像の問題、つまり神の表象、可視化の問題を、西方キリスト教会、つまりローマ教会、正確に言えば教皇大グレゴリウスは、教育・教化のために必要であると考え、イメージとは「文盲の人のための聖書」であると主張しました[2]。その中世の間に許されたのは、教化のための絵画のみであり、そのとき浮彫は絵画と見なされましたが、三次元の丸彫り像は、あまりに現実的・肉体的、そして偶像的だとして避けられてきました。その絵画も、中世の間は、平面的で、より記号的象徴的な表現が好まれたことは言うまでもありません。

二次元のイメージである絵画は、こうして中世の間も物語を伝える教育・教化のための手段（メディア）として許されたのです。イメージは、再現対象である神にアクセスするための、あくまでも媒体（メディア）として許されたはずです。つまり、それを通して本来は不可視な神を観るのであり、像自体を拝してはならないとされてきたのです。

ところが、中世後期には、自然模倣・現実再現ということが復活してきて、見えるがまま再現する、本物そっくりに描く彫る、つまり自然主義（ナチュラリズム）という姿勢が打ち出されてきました。ルネサンスの時代になると、自然模倣が徹底されていくようになり、むしろ画家や彫刻家の技量の高さを褒め称えるようになっていくでしょう。実際、王侯貴族や富裕市民や、そして何よりも教会自体が、巨大な出費も厭わず、豪壮な建物や、記念となる彫刻、美しい絵画を求め、それにつれて優れた美術家の名声が増していくのです。一六世紀の宗教改革の時代とは、一つの自律したジャンルとしての芸術（アート）が成立していく時代とも重なります。

しかし、今日のお話には、イコノクラスムではなく、副題に「イメージの力」と付けさせていただきました。「イメージの力」とは何のことでしょうか。

まずはイメージ（羅 imago、英 image、独 Bild）とは、美術史では、画像のこと、つまり絵画、彫像など、造形された像一般を指します。

その時、恋人や両親の写真、誰でも良いですが、愛している人の写真を肌身離さずもっている、あるいは目につくところに常に飾っておくならば、それが本人そのもののように思えてくる。目の前に不在の人がいるように、また写真が（ただの紙なのに）それらの人たちの代わりを務めるようになってくる。一つの例、ホイップクリームで象ったウサギちゃんが、ワン・ホールの丸いケーキの上に寝そべっていると、それを一二等分せよと言われても、中々ナイフを入れることが出来ない。単に生クリームにすぎないのに、あたかもウサギに直接ナイフを入れるような気になる。さらに例をあげるならば、名高い踏み絵。ただの金属の板なのに、そこに刻まれたキリストや聖母子と同一視されてしまう。だから踏めない。

それがまさにイメージの力というわけです。(3)

人は、イメージ自体と再現対象とを混同する、同一視する、感情移入する。たとえイメージ自体は、紙や木や金属、あるいはホイップクリームで出来ていたとしても。

さて、どうするのでしょうか。そのイメージを大切にするのか、畏れて破壊してしまうのか。

ローマ・カトリック側は、そのイメージの力を最大限に利用し、そのマテリアリティ（物質性）を、木や石や、時には金や宝石で出来たイメージを大切にしました。プロテスタント側は、そのイメージの力を畏れ、本来は目に見えない、見てはならない不可視の神を守るために、イメージを壊してしまえとさえ言ったのではないでしょうか。ただ、それはプロテスタント側にも様々な態度があり、ルターと改革派の人々とは随分と異なります。そのことをゆっくりと見ていきましょう。

前半は、イメージを見て、後半はテクストを一緒に読んでいきたいと思います。

1　イメージ

まずは二枚の版画を見てください。

一枚は、オステンドルファーによる木版であり、そこにはレーゲンスブルクでの人びとによる聖母マリア崇敬の実態が描かれています。聖堂の前、太い柱の上に奉られた聖母像の下で、人びとは柱にしがみつき、あるいは地面にひれ伏して必死に祈っています。聖母子像自体が崇拝の対象となっている様が分かるでしょう（図1）。

もう一枚は、エアハルト・シェーンによるやはり木版です。そこには教会堂の中から彫像を持ち出し、戸外で火にくべようとしている人びとが描かれています。祭壇画が持ち去られ、祭壇の上には枠だけが残っているようです（図2）。まさに聖像破壊です。

とはいえ、この版画は《不公平な非難や罰に関する貧しき、虐げられた偶像と聖堂内の画像の嘆き》と題され、聖像破壊に与しているのか、それともそれを揶揄しているのか、定かではありません[4]。

このような版画は、当時、宗教改革者側からも、それに反対する側からも極めて多く世に出されており、宗教改革の歴史を話題とするときに重要な史料となります。

宗教改革の成功は、発明されて間もない活版印刷による出版というメディアなくしては有り得なかったといわれます。それはまた版画という手段にも当てはまるかもしれません。特に木版のような凸版によ

1. ミヒャエル・オステンドルファー（1490/1494-1559）《レーゲンスブルクの美しき聖母教会への巡礼》木版（1520 頃）、フェステ・コーブルク・コレクション

2. エアハルト・シェーン（1491 頃—1542）《不公平な非難や罰に関する貧しき、虐げられた偶像と聖堂内の画像の嘆き》木版（1530 頃）、ゴータ城美術館

るイメージは、活版による文字と合わせて組むことが可能であり、文字とイメージとを合わせて刷ることが可能でありました。その時に文字とイメージとの、いわば合わせ技が、大きな効果を生み出すに違いないことを多くの人が期待したのです。

1—1　ルター肖像

ルター自身、あるいはルター信奉者たちは、イメージを豊かに用いていました。そのことはまずルターを描いた多くの肖像画を見たならばよく分かるでしょう(5)。

最初のルター像は、肖像とは言いがたい代物です。それは、ライプツィヒにおける討論会（一五一九年）のための説教集の表紙を飾ったイラストで、急いで作られたためか、ルターとは似てもつかない男の姿が、円形の枠の中に収められ、その枠に書き込まれた文字も逆版になっています（図3）。

Ein Sermon geprediget tzu Leipßgk uffm Schloß am tag Petri vñ pau li im xviiij. Jar / durch den wirdigen vater Doctorem Martinũ Luther augustiner zu Wittenbergk / mit entschuldigung etzlicher artickel / so ym von etzlichen seiner abgunstigen zugemessen seyn / in der zeit der Disputacion zu Leipßgk gehalten.

Getruckt zu Leypßgk durch Wolffgang Stöckel im iar. 1519.

3.「ライプツィヒの討論会を前にしたルターの説教集の表紙絵」（最初のルター肖像）ライプツィヒ、シュテッケル発行（1519）、ニュルンベルク、ゲルマン民族博物館

真のルター肖像と言ったならば、ルーカス・クラーナハ（父）による名高い《アウグスティノ会修道士としてのルター》（一五二〇年）を嚆矢とするでしょう（図4）。剃髪をした厳しい顔つきの修道士ルターの姿は、禁欲的で妥協を許さないように見えます。この銅版画には三種のステートがあり、よく知られた第三ステートは、一五七〇年代のものと考えられるすかしがあることか

4. ルーカス・クラーナハ（父）《アウグスティノ会修道士としてのルター》クラーナハによる最初のルター肖像、銅版画（1520）第３ステート、ハンブルク・クンストハレ版画素描室（1540/50 頃の摺り）

5. ルーカス・クラーナハ（父）《壁龕の中のアウグスティノ会修道士としてのルター》当時最も流布したクラーナハによるルター肖像、銅版画（1520）ミュンヘン、州立版画コレクション

ら、ルターの死後に刷られたものであると考えられています。第一ステートは二枚しか現存せず、第二ステートはヴァイマール城美術館にある一枚しか確認されていません。従って、この銅版画はルターの生前には知られていなかったと考えられるのです。

むしろ、世の中に流布したルター肖像は、次のような版でありました（図5）。このニッチの中で手を胸に当て、本を持つルターの姿は、陰影が和らいで、従ってより表情が明るく幾ばくか柔和に見えます。この方が当時ヴィッテンベルクの宮廷において好まれました。宮廷もルターを支持し、クラーナハはそのヴィッテンベルクの宮廷画家であったのです。つまり、最初のクラーナハによるルター像は、厳格な宗教改革者のイメージが強すぎて避けられ、それよりも現実的でより柔和なイメージが選ばれた可能性が高いのです。換言すれば、ルターを巡る状況はそれほど緊迫しておりました。事実、この一五二〇年にルターは、ローマからの非難に対して自らの立場を明確にすべく、今日宗教改革三大文書と呼ばれる重要な論文を出版し

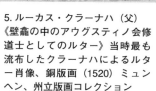

ましたが、翌年には破門を宣告されることになります。同時に、この一五二〇年にルターは、画家クラーナハの娘アンナの名付け親になっています。

画家ルーカス・クラーナハ（父、一四七二―一五五三）は、息子で同じく画家となったルーカス（子、デア・ユンゲレ、一五一五―一五八六）と同名であるために、父（デア・エルテレ）として区別しますが、そのクラーナハは一五〇四年頃にヴィッテンベルクのザクセン選帝侯フリードリヒ三世の宮廷画家となりました。人文主義的な教養を備えた人びとへ向けた警句を伴うエロティックなヌードを含むギリシャ神話上のイメージなどが有名です。それらの魅惑的な女性像の多くが昨年秋に国立西洋美術館で開催された「クラーナハ展」で展示されたことは記憶に新しいところです[6]。

しかしその同じクラーナハが、実に多くのルター像を描き、さらに宗教改革のスポークスマン的な役割を果たしたことも忘れてはなりません。それはクラーナハが宮廷画家として仕えるフリードリヒ選帝侯がルターの庇護を行っていたこともありますが、それだけではなくクラーナハとルターは公私にわたり関係を緊密にして、いわば持ちつ持たれつの関係であったのです。

6. ルーカス・クラーナハ（父）《土地貴族イエルク（Junker Jörg）に変装したルター》（1521-22）
a) 油彩、ライプツィヒ美術館、
b) 油彩、ヴァイマール城美術館

破門を言い渡され、身の危険があったルターをフリードリヒ選帝侯がヴァルトブルク城にかくまい、その間にルターが新約聖書の翻訳に勤しんだことは名高いでしょう（一五二〇―二二）。クラーナハは、その間に土地貴族イエルク（ユンカー・イエルク）に変装したルターを描きました（図6）。ヴィッテンベルクに戻

7. ルター翻訳、ルーカス・クラーナハ（父）
および工房の木版画 『新約聖書（9 月聖書）』
1522 年 9 月刊、広島経済大学蔵

ったルターによって一五二二年五月に完成された新約聖書翻訳のために、クラーナハは「黙示録」に一二点の木版装飾を施しています。その時、一四九八年にすでに制作されたアルブレヒト・デューラーの「黙示録」木版連作が手本とされたけれども、クラーナハはそれだけでなく、クルシティン・デーリンクとともにその九月聖書と呼ばれる最初のドイツ語新約聖書初版の発行人となり、ヴィッテンベルクで印刷されたルターのテクストを、自ら世に送り出したのです（図7）。

　ルターがヴァルトブルク城からヴィッテンベルクに戻った直接の理由は、ヴィッテンベルクにおける騒乱を鎮めることを選帝侯から要請されたからでありました。ルターが不在のヴィッテンベルクでは、大学におけるルターの同僚であったカールシュタットとアンドレアス・ボーデンシュタインが過激化し、ミサの廃止とともに聖像の撤去を訴えて、市の参事会を動かしていたからです。実際、一五二一年一二月三日司教区聖堂でミサ中に投石があり、ミサ典書が強奪され、司祭が祭壇から引きずり下ろされるという事件が起きました。翌一五二二年一月二四日に市参事会が発布した『ヴィッテンベルク教会規定』の一三条には画像の撤去が謳われていました。ルターは、二月ヴァルトブルク城から帰還し、カールシュタットに

8. ルーカス・クラーナハ（父）工房
《ルター夫妻の肖像》油彩、フィレンツェ、ウフィツィ美術館（1567/1570年以来メディチ家コレクションに所蔵）（1529）

反対する説教を行います。ルターの画像に対する態度はむしろ伝統的で寛容なものでありましたし、後にカールシュタットに対する批判論文を書き、その中で画像に対する考え方を明らかにしています。それを後ほど参照してみたいと思います。

一五二五年ルターは、修道女カタリーナ・フォン・ボーラと結婚、クラーナハは彼らの結婚式に呼ばれた唯一の世俗人だったということですが、画家はその二人の姿を一対の肖像画にして繰り返して描きました。その中には、この度の西洋美術館で行われた展覧会にも出品されたフィレンツェのウフィツィ美術館所蔵の《ルター夫妻の肖像》も含まれ（図8）、私は個人的に何故このルター夫妻の肖像が、フィレンツェのメディチ家のコレクションに入ることになったのか知りたいと思っています。[7] 何しろ、ルターの破門を言い渡したローマ教皇は、メディチ家出身のレオ一〇世なのですから。それはともかく、これら一群のルター夫妻の肖像が、単に結婚を記念する個人的な思い出の品であったとは到底思えません。修道士同士の結婚は当時大きなスキャンダルとして非難の的にもなりましたし、それにもかかわらず結婚して、その夫婦のイメージをクラーナハに描かせるには、聖職にある者も妻帯を許されるべきであるという強い主張が込められ、その主張を喧伝するという動機があったと考えられるのです。すなわち複数描かれたそれらのイメージには宗教的政治的プロパガンダの意図があったとするべきです。それは、ルターと

9. ルーカス・クラーナハ（父）《ルターとメランヒトン》油彩、ドレスデン絵画館（1532）

10. アルブレヒト・デューラー（1471-1528）《書斎の聖ヒエロニムス》銅版画（1514）

メランヒトンの二重肖像にも明らかでありましょうし（図9）、もしかしたならば死の床におけるルターの肖像にさえも政治的な意味が含まれていたかもしれません。クラーナハ側からするならば、ルターの肖像制作をほとんど独占することには、大きな経済的社会的な意味があったはずです。イメージの作成とその流布には、メッセージの伝達が重要でありました。

また、優れたイメージは自身のものでなくとも、つまり他人の発案したイメージであったとしても、勝手に使用することに余り大きな問題は生じてはいませんでした。

例えば、デューラーが拵えた銅版画による《書斎の聖ヒエロニムス》（一五一四）の優れた構図は（図10）、WSのモノグラミスト（ヴォルフガング・シュトゥーベルと同定）によって聖ヒエロニムスが書斎のルターに変えられました（図11）。そして、クラーナハはそれよりだいぶ以前に、デューラーの構図と設定を利用して「デューラーのヒエロニムスの家にいるアルブレヒト・フォン・ブランデンブルク」とも呼ぶべき二枚の油彩画を描いています。アルブレヒト・フォン・ブランデンブルクといったならば、何よりも聖職売買や贖宥状の乱発によってルターの怒りを買い、「ヴィッテンベルクの九十五箇条の提言」をルターが送りつけた相手その人なのです。クラーナハの描いた二枚の油彩画の片方には（図12）、奥にクラーナハ工房が得意とした聖母像が垣間見え、そこに工房の宣伝を読み取るというのはあまりに穿ちすぎでしょうか。

1―2　宗教改革イメージ

イメージの再利用、あるいは応酬という観点から見たならば、たとえばルターを批判するヨハネス・コッホロイス著『マルティン・ルターの七つの顔』の表紙に採用された「七つの顔をもつルター」（図13）というモンスターには、すぐに「七つの顔としての教会のヒエラルキー」という木版が応じました。教皇の顔を中央に、枢機卿や司祭、それに平の修道士の七つの顔が、金を貯め込む金庫を模した祭壇の上に置かれています（図14）。いくつもの頭を持つという敵方のアイディアを早速利用して、それを味方有利の宣伝

11. WSのモノグラミスト（ヴォルフガング・シュトゥーベルと同定）《デューラーに倣った書斎のルター》銅版画（1560頃）

12. ルーカス・クラーナハ（父）
a)《デューラーのヒエロニムスの家にいるアルブレヒト・フォン・ブランデンブルク》油彩画（1525）ダルムシュタット、ヘッセン州立美術館。
b)《デューラーのヒエロニムスの家にいるアルブレヒト・フォン・ブランデンブルク》油彩画、サラソタ（フロリダ州）リングリング美術館

13. ハンス・ブロザーメル「七つの顔をもつルター」ヨハネス・コッホロイス著『マルティン・ルターの七つの顔』表紙。木版（1529）、ニュルンベルク、ゲルマン民族博物館

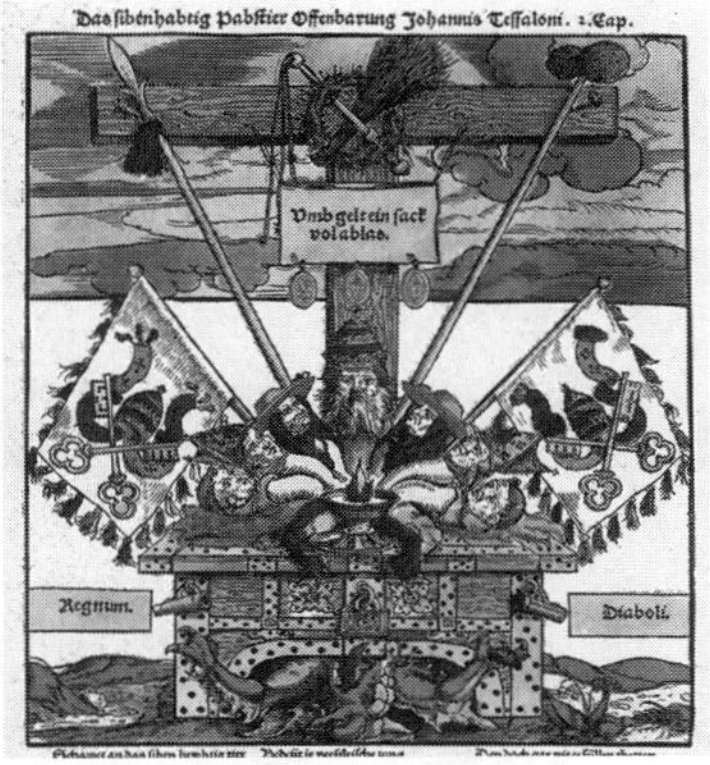

14. 匿名作家「七つの顔としての教会のヒエラルキー」木版（1530頃）、ベルリン国立美術館版画素描室、プロイセン文化財団

に用いています。

少し後の、クラーナハと同名の息子が制作した木版ですけれど、正しい信仰と、誤った信仰を代表する説教者が左右の説教壇から説教している姿が描かれています（図15）。左の正しい説教者は、質素な説教壇から聖書を手にして説教し、前景の女性等も聖書を見ながら聞いているようです。一方、右の誤った説教者は、装飾が施された豪華な説教壇から話をし、幾分とも身分の高そうな人びとが聖書の代わりに一様にロザリオを持ちながら祈っているのです。

以上のような正否、善悪を左右や上下に分けて対照的に示した図というのはたくさんの例があります。おそらく最も名高いのが、やはりクラーナハが描いた《律法と福音》と総称される一群のイメージであり、板絵、木版画、フレスコ画など様々な媒体があります。[8] そのうちのゴータ城美術館が所蔵する名高い板絵の例を見てみましょう（図16）。中央の木の左側（枯れ枝の側）には、旧約、カトリック世界が示され、空中に審判のキリスト、その下に原罪の場面、中央の木の左側に4人の旧約の預言者が立ち、その一人は十戒の石版をもつモーセです。人々がこの律法のもとに留まる限り、救済は実行されず、裸の男は悪魔と

15. ルーカス・クラーナハ（子 1515-86）とパンクラティウス・ケンプ「正しいキリスト信仰と反キリストの誤った教え」木版（1546)、ベルリン国立美術館版画素描室

16. ルーカス・クラーナハ（父）《律法と福音》油彩（1529)、ゴータ城美術館

骸骨（死）の槍で業火（煉獄）に押しやられます。

一方右側、中央の木の葉の茂った側にはゴシック様式の町並みが見え、おそらく新しいエルサレムをあらわしているのでしょう。一人の天使が空中から降りてきて、羊飼いにキリストの降誕を告げ、そこに磔刑のキリストと復活のキリストが現れ、神の子羊が十字架の足もとにいて悪魔と骸骨を踏みつけています。合掌する裸の男を洗礼者聖ヨハネが十字架上のキリストを見るように促し、イエスの犠牲のもとに、キリストの勝利と救済が示され、こうして裸の男の罪が贖われるのです。(9)

1—3　祭壇画

さらにクラーナハによる祭壇画は、シュネーベルクやヴァイマールの聖堂に今も残されていますが、律法の世界と福音の世界を対比させるという意味で、同じグループに含めることが出来るかもしれません。その場合、何よりも、これらの例が祭壇画であることが重要です、今も聖堂の祭壇を飾っている祭壇画なのです。ルターが祭壇画を始めとして聖堂内のイメージを許容したことの最大の証左でありましょう。

このうちの《ヴァイマール祭壇画》(一五三九―五五、ヴァイマール、聖ペーター・パウル聖堂)の中央パネルを見ますと(図17)、磔刑のキリストの向かって左手では、まさにそのキリストが悪魔と骸骨を踏みつけており、磔刑の向かって右手には、遠景に見える「青銅の蛇」(民数記第二一章九節)のエピソードの手前に、三名の姿が堂々と描かれています。一人はキリストを指し示す洗礼者聖ヨハネでありますが、それと並んで描かれているのは、聖書を手にする黒衣のマルティン・ルターであり、もう一人はこの絵の作者であるルーカス・クラーナハの姿であります。寄進者やパトロンの姿が描き込まれるのが普通であるイタリアの祭壇画を多く見てきた私にとっても、磔刑の下にこれほど大きく堂々と当時存命中のルターと画家の姿が描かれるのには驚かされます。

17. クラーナハ(父)および工房《ヴァイマール祭壇画》(1539--55)ヴァイマール、聖ペーター・パウル聖堂

最後に「宗教改革祭壇画」とも称される、名高い《ヴィッテンベルク祭壇画》を見てみましょう(図18)。お見せしているスライドは、宗教改革五〇〇年記念に沸くヴィッテンベルクをこの五月に訪れた時に私が撮影してきたものです。その祭壇画があるのは、改革者マルティン・ルターとヨハネス・ブーゲンハーゲンが説教を行い、最初にドイツ語によるミサを挙げ、会衆に

18. クラーナハ（父子）《ヴィッテンベルク祭壇画》（1547年設置）ヴィッテンベルク、聖マリエン聖堂（旧教区教会）

19. 同祭壇画のプレデッラ（裾絵）

聖体拝領を行ったことが知られている市の教区教会にして聖マリエン教会と呼ばれる聖堂の主祭壇です（Stadt- und Pfarrkirche St. Marien zu Wittenberg）。クラーナハ父子が協力して制作し、ルターの死の一年後に設置されました。[10]

今日沢山の観光客も訪れるこの主祭壇の前に立つならば、まずは主祭壇に本物の聖書が開いて置かれ、その上部、我々の目の前に祭壇画最下部のプレデッラ（裾絵、ドイツ語ではSarg「棺」ともいう）があり、そこに描かれたルターの姿を見るでしょう（**図19**）。ルターは聖書を前に説教壇にあって、中央の磔刑像を介して、会衆と向き合っています。説教者は、右手で会衆にキリストを指し示し、何よりも神と直接相対するようにと語っているようです。磔刑のキリストが両者の間の虚空に孤立していることがとても印象的です。それなのにクラーナハは、会衆の中に我々の方を向いて微笑む魅力的な女性を描いていますね（**図20**）。そして、何より十字架だけでなく、磔刑のキリスト自身がそこに描かれていることを忘れてはなりません。

その上部に描かれた主要な三場面は、左から〈洗礼〉〈最後の晩餐〉〈告解〉です。洗礼と最後の晩餐、

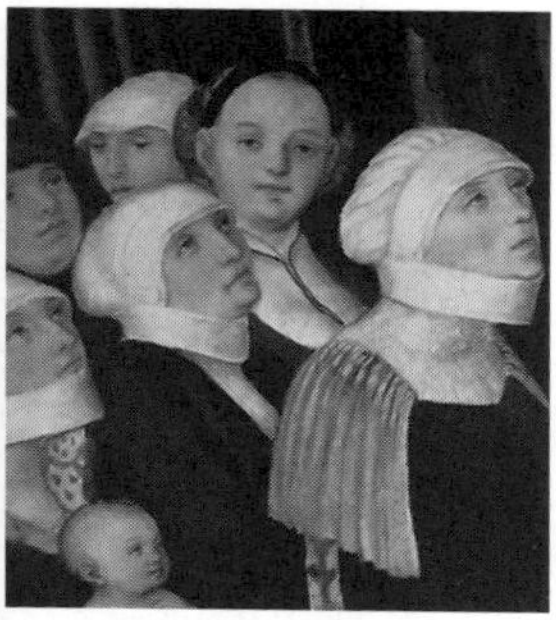

20. 同祭壇画のプレデッラ（裾絵）

21. 同祭壇画　裏面

つまりミサの制定としての最後の晩餐は、ルターが認める二つのサクラメント（秘跡）です。「洗礼」は、メランヒトンと共に「幼児洗礼」の場面が表され、カトリック批判というよりもむしろ、幼児洗礼を否定し自らの意志で再洗礼を受けることを主張したアナバプティスト派（再洗礼派）への批判と読むことが可能でしょう。また、「最後の晩餐」は詩編一一一編の講釈において、ルター自身が祭壇画の存在を認めつつ、その最も相応しい主題として「最後の晩餐」を挙げていることを思い出さなければなりません。[11] 右翼パネルに描かれた〈告解〉には、市が教区教会の牧師職に一五二三年に指名したヨハネス・ブーゲンハーゲンが示されます。彼は、ルターの聴罪士であり、結婚の司式をも行った人物として知られていました。

さらに同祭壇画の裏面に回り込みますと、そこには〈キリストの復活〉と〈イサクの犠牲〉とともに〈青銅の蛇〉が描かれているのを見いだします（**図21**）。ここには、タイポロジー（予型論）として、つまりキリストの磔刑の予型としての青銅の蛇が表されています。この場面を、偶像崇拝を禁じたモーセ自身が、蛇の像を作り、掲げるように命じた場面を表象することにより、イコノクラスムの批判として見ることが可能でありましょう。

このように、ルターの生前に事実上制作されたヴィッテンベルクの祭壇画を見るならば、いかに自身の姿勢を喧伝するためにイメージを利用し、ルターが教会内部の美術を許容していたのかが分かるのではないでしょうか。祭壇上部を飾る装飾としての祭壇画とは、何よりも祭壇において行われる聖体拝領（聖餐式）を中心に営まれるミサを補助する機能があると考えられてきました。中でも聖堂内陣内もしくは聖堂交差部の東端に位置づけられた主祭壇画は、聖堂全体の中心として、教会の基本的な姿勢を表明する場と考えられてきました。ルターが許容した祭壇画とは、少なくともこのヴィッテンベルクの祭壇画を見る限り、伝統的な祭壇画の機能を踏襲すると見なすことが出来るでしょう。(12)

2　宗教改革者とテクスト

次に、宗教改革者のイメージに関する著作を検証していきたいと思います。

初めに申しましたように、聖像破壊のような事件が頻発していたものの、宗教改革者といっても、ルターといわゆる改革派とされる人びととの間には大きな違いがありました。それを彼らの残したテクストから検証していきたいと思います。

初めにルターのテクスト、特にカールシュタットの過激な姿勢を諫めるべく書かれた「天来の預言者らを駁す」（一五二五）を中心に見ていきます。その次に、カルヴァンの『キリスト教綱要』を見ていきましょう。

2―1 ルター

お手元の配布プリントにあるテクストを参照しつつ、私が傍線を引いた部分を中心に話を聞いて下さい。まずはルターによる「二種陪餐について」（一五二二）の中で表明された聖像に関する記述です。

第八に、ある人々はその支配者たちや、教師たちが認めず、また欲してもいないのに、聖像を恥ずべき仕方で取り扱っている。それは全く処罰に値すべきことである。だが、サタンをしてサタンたらしめよ。そして私たちは、本題について語ろう。聖像を持っているのは悪いことではない。神ご自身、旧約聖書において、青銅のへびをあげるように［民数二一・八］、また黄金の契約の箱にケルビムをおくように［出エジプト二五・一八］命じられた。しかし、神は聖像礼拝を禁じられたのである。聖像が危険なのは事実である。そして私は、聖壇の上に何の像も置かれないようにと望む。しかし、それだからといって、像を焼き、また汚して、許容しないのは正しいことだと証明することはできない。(13)

ここでは、聖像の危険性について述べ、祭壇上には像を置かないことが望ましいとしつつ、しかしそれを破壊することは正しいとは言えないとし、聖像破壊を批判しています。聖像を持つこと自体は悪いことではないと言うのです。

次に一五二五年にカールシュタットを弾劾し、その姿勢を批判するために書かれた「天来の預言者らを駁す」を参照します。(14)

聖像をまず、神の御言によって心からもぎとり、これを無価値な、軽んずべきものとするようにと、私は聖像破壊を攻撃した。実は、これは、カールシュタット博士が聖像破壊について夢想する以前のことである。なぜならば、聖像が心から取り去られていれば、眼前にあっても何ら害を及ばさないからである。けれども、心を重大視しないカールシュタット博士は、これを逆にして、聖像を目から奪い去り、心のうちに立たしめているのである。……これら二つの破壊のいずれが最善のものか、私は各人の判断に委ねることにする。（六一頁）

なぜならば、人は、ただ信仰によってのみ神に喜ばれるものであり、聖像によっては決して神のみこころにかなうということは起こらず、それがかいなき奉仕であり、浪費であることを心に学んでおれば、人々は自らすすんでそれを捨て、それを軽視して、こうしたものを何も作らせないからである。けれども、人がこうした教育を怠り、もっぱら力ずくでそれを取り扱うところでは、このことを理解せぬ者たちや、この事をもっぱらおきてにしいられて、良き必要なわざだとして行い、自由な良心によって行わずに、自分のわざによって神に喜ばれようと考える者たちが、冒瀆するという結果になるばかりである。すなわち、わざによって神のみこころにかなうものとなろうと考える、こうした考え方こそ、心の中の真の偶像なのであり、且つ誤った信頼なのである。このようなことになるのも、彼が外的に聖像を廃し、その代わりに、心を偶像でみたすようなおきてを持ち出すがためである。（六一―六二頁）

すなわち、カールシュタット的に律法をもってするのではなくて、福音をもって破壊し、従って、聖像を崇敬したり、あるいは、聖像に信頼をよせたりすることは、偶像礼拝であるということを良心に教え、且つ明らかにすることである。なぜならば、人は、キリストにのみよりたのむべきでからである。それから後は、外的には、なるがままにまかせたらよいのである。聖像が破壊されようと、荒廃しようと、残存することになろうと、それは神のみ心のままであって、その人にとってはどうでもよいことであり、何の関係もないこと、あたかも、蛇から毒が奪い取られたようなものである。（七一頁）

以上のテクストは、カールシュタットによる力ずくの聖像破壊を本質から離れる律法的な態度であるとして非難しています。特に「青銅の蛇」の逸話が引かれていることは注目されます。その一方で、聖像自体に罪のないことを指摘します。

十字架像や聖者の像のような記念のための像とか、証拠のための像とかは、上述のように、十分にさしつかえのないことであるが、モーセからも、また、律法においても、確証づけられているからである。（七二頁）

すなわち、私たちも同様に記憶のためや、よりよく会得するために、こうした像を壁に描きたいのである。何故なら、壁面でも、書物の中でも、それらは別段に害とならないからである。いな、神が世界を創造したもうた有様、ノアが箱船を建造する様子、その他良き物語であるものを壁に描くことの方が、その他の何かこの世的な恥知らずな事物を描くよりは遙かにまさっている。（八四頁）

これらでは、聖像の効用が述べられ、基本的にローマ・カトリック側の教化目的のためのイメージの使用ということに共感しているといって間違いがないでしょう。

のみならず、私の確信するところは、神のみわざについて聞き、且つ、読むこと、とくにキリストの受難を聞き、且つ、読むことを、神が望みたもうということである。しかし、もし私がそれを聞くとか、あるいは、記憶しなければならないとしたら、私が心のうちに像をつくってはならぬとされることは不可能なことである。なぜなら、私がキリストについて聞く場合、私の望むと否とにかかわらず、私の心のうちに、十字架にかかりたもうているひとりの人の像ができ上がるからである。ちょうど、私が水の中をのぞくと、自然に私の顔が水の中にでき上がるのと同じである。私がキリストの像を心のうちに持つことが、罪ではなくて良いことであるのなら、私が像を目に見ることがどうして罪であるのだろうか。なぜなら、心は目よりも大切であり、目以上に罪によってけがされてはならぬものだからである。それは、心が神の真に坐したもうところ、住みたもうところだからである。（八四頁）

ここでは、物理的可視的イメージのみならず、心の中のイメージにも言及しており、そのようにイメージを心の中にまでもつことを妨げるのは実際上不可能であることが前提となっているように思われます。このようにルターの考えは、イメージに対してむしろ同情的であり、その教化の効用を認め、広くイメージを許容したことが理解されるでしょう。

これまで、マルティン・ルターの著作から、そのイコノクラスムを批判すると見なされる文章を引いて、ルターのイメージに関する考えを知りました。

一方、改革派の人びとは、イメージに対してより禁欲的であり、厳しい態度を取りました。ツヴィングリやカルヴァンらがその改革派と見なされますが、本来は、ツヴィングリによって書かれた「ヴァレンティン・コンパルへの返答」（一五二五）を読まなければならないものの、この当時のドイツ語によるテクストを十分に読むことが私には叶いませんし、時間もないので割愛しなければなりません。(15)

2—2 カルヴァン

カルヴァンの『キリスト教綱要』から、彼のイメージに対する姿勢を読みたいと思います。まずは、カルヴァンによるモーセの十戒の解釈です。特に、第二戒に注目します。

第二戒　あなたは自分のために刻んだ像を造ってはならない。上は天にあるもの、下は地にあるもの、あるいは地の下の水の中にあるもののいかなる似姿も作ってはならない。これを崇めても、拝んでもならない。(16)

カルヴァンの十戒の解釈では、ルターとは異なり、第二戒について出来るだけ旧約聖書の該当箇所を文字通り受け取るように努め、神の像を拝むことのみならず、作ることも禁じるとされました。(17)

次に同じカルヴァンの『キリスト教綱要』第一篇から、「目に見える形を神に帰することは許すべからざる悪であり、またいかなる偶像であれこれを己のために立てる者は、総じて真の神に背くのである」と題された第一一章を参照しつつ、話を進めます（文中に示された頁数は同章の該当頁になります）[18]。

そういうわけで、聖書にしばしば語られて、他の言い方を許さぬこの定義は、神性に固有なものについて人間の自ら考え出す臆見を悉く無に差し戻すのである。なぜなら、神御自身のほか、神についての適切な証人はないからである。そこで、神を目に見える形に表そうと要求し、木、石、金、銀、その他、命なく朽つべき物質で神の形を拵えるほど野獣的な愚かさが全地に満ちているのであるから、我々は次のことを原理として固守しなければならない。曰く『神に何らかの形が帰せられるごとに、神の栄光は不敬虔な虚偽によって侵害される』と。……『あなたは自分のために彫像を刻んではならない。どんな似姿も造ってはならない』と（出エジプト二〇・四）。神はこれらの言葉をもって我々の気儘を抑制し、目に見えるいかなる形によっても、神を表現しようと試みることがないようにされる。（一〇七頁）

むしろ、迷信家たちが神を身近にあるもののように考える一切の肖像、画像、およびその他の象徴を、例外なしに否認されるのである。（一〇八頁）

更に注意すべきことは、彫像以外の肖像もこれに劣らず禁じられている点である。これはギリシャ人の愚劣な反論を却ける。彼らは神の像を刻みさえしなければ立派に義務を果したと見做し、他民族に例を見ないほどしたい放題に絵画を描く［イコンのこと］。しかし主は、己のために彫刻の像を立てることだけでなく、いかなる芸術家によって作られる像をも禁止したもう。このようにして神を描

写することは不正であり、神の尊厳に対する冒瀆だからである。（一一二頁）

ここに聖像に対する誠に厳しい態度が示されています。不可視である神を、物質で示すことが敬虔的ではないと、そして冒瀆だと述べられているのです。

そこで、もし教皇主義者が体面を重んじる人間なら、今後はもう、像が無学なもののための書物であるとの言い逃れを口にしてはならない。これは聖書の数多くの証言によってかくも明らかに却けられたからである。たとえ彼らの言い分が認められたとしても、彼らの偶像弁護論がそれだけ有利になるわけではない。彼らが神の代わりにいかなる怪物を突き出しているかは周知の通りである。彼らが聖徒たちの画像、あるいは彫像と称しているものは、最も堕落した贅沢と猥褻の見本でなくて何であろうか。これに見習う生活を営んだ人がいたならば、鞭打ちの刑に値するであろう。彼らの礼拝堂において聖処女と見られるように期待されている絵画よりは、遊女屋における遊女たちの服装の方が確かにもっと慎ましく、もっと控え目である。（一一四頁）

ここでは、ローマ・カトリックの伝統的な姿勢である「文盲の人のための聖書」、つまり教化目的としてのイメージの効用が否定されています。「礼拝堂において……絵画よりは、遊女屋における遊女たちの服装の方が確かにもっと慎ましく、もっと控え目である」とは何と刺激的な言葉でしょう。

とはいえ、実際にはカルヴァンはすべての美術を否定したわけではありませんでした。次の文言には、彼が許容する美術のあり方が示されています。

私はしかし、どんな像も許されないと考えるほど迷信的な潔癖感にとらわれてはいない。むしろ、彫刻や絵画は神の贈り物であるから、主御自身の栄光と我々の幸福のために賜ったものが転倒した乱用によって汚され、それのみか更に転じて我々の破滅になるようなことがないように、これらが純粋かつ正当に用いられることを要求する。我々は神を目に見える形に模するのは許されぬことだと考える……そういうわけで、人は目で見ることの出来るものだけを描いたり刻んだりすることしか為し得ない。神の尊厳は肉眼の視覚を遙かに超越しているのであって、見苦しい表現によって傷つけられてはならない。さて、描いたり刻んだりして差し支えないものとは、一部は歴史的な事柄や行為であり、一部は歴史の出来事とは無関係な姿や具体的な形［動物、町、田舎など］である。前者は教え戒める上に何らかの益がある。後者は私の見るところ娯楽以上の役に立つとは思われない。しかも確かに、従来礼拝堂の中に飾り立てられていた像は、殆どみなこの種のものであった。だからこれらの像は判断を経て、あるいは選択した上で立てられたのではなく、むしろ愚かで無分別な貪欲によって為されたと判断して良い。それらの像の大部分がいかに誤って不当に描かれているか、また画家や彫刻家たちが……いかに気儘に腕をふるったかについては言及しない。私はただこのことを言いたい。たとえそれらが何の害を与えぬとしても、教育上少しも役に立たない、と。（一二〇頁）

カルヴァンは、差し支えないものとして、歴史画や動物あるいは風景を描いた絵を許容するのです。「彫刻や絵画は神の贈り物」(19)と述べて、それに携わる職人たちの立場に配慮し、むしろその扱い方に対して留意を促しています。そこには、絵画や彫刻が宗教以外の主題に及んでいる当時の状況が反映していると考えることができるでしょう。

カルヴァンが強く非難したのは、宗教美術であり、何よりもそれが教会内に置かれることでありました。なぜならば、

このような像に直ちに伴うのがそれらへの崇拝である。人々は肖像によって神そのものを直視していると信じた時には、これを崇める。こうして遂に、その魂も目も全くこれに呪縛され、いよいよ目が眩み、あたかもその内に何か神的なものが存すかのように、感性を失ったまま、驚嘆の目で見るに至る。そういうわけで、人間は余りに粗野な臆見、すなわちそれらをそのまま神々と見なすのではないが、そこに何らかの神性が宿っていると空想するこの臆見に馴染んでしまうまで、偶像礼拝に突進することになる他なかったのは確かである。したがって、あなたが神や被造物［聖人たち］を肖像によって表現し、崇敬のためにひれ伏すならば、既に迷信に魅入られている。そういう理由で、主なる神は御自身の像を立てることを禁じたもうたのみならず、崇拝の意図を持ついかなる碑文や石碑を奉献することも禁じたもうた。律法の戒めにおいて、神を崇めることについての第二項が付け加えられているのも、同様の理由である。すなわち、人は神を可視的な形にする時、同時にこの形に威力を結び付けるのである。人間は余りにも愚鈍であるため。自らの考え付く限りの物体と神を結び付け、ひいてはこれらを崇めないではおられなくなる。彼らが像自体を崇めるのか、それとも像の内に神そのものを崇めるのかは大した違いでない。というのは、いかなる口実によるせよ神の栄誉が像によって表されるとすれば、それは常に偶像礼拝だからである。（一一六―一一七頁）

すなわち、不適切な場所、教会内に置かれた宗教主題の美術には、どうしても「崇拝」することが避けられないというからなのです。

私は、この最後の引用箇所に（太字で）示された「威力」という言葉に注目します。この言葉は、原文のラテン語では virtus という言葉ですが、それが「イメージの力」を意味するのだと解釈したいと思います。

ローマ・カトリック側は、その「イメージの力」を最大限に利用し、そのマテリアリティ（物質性）を、木や石や、時には金や宝石で出来たイメージを大切にしました。一方改革派側は、そのイメージの力を畏れ、本来は目に見えない、見てはならない不可視の神を守るために、イメージを無くしてしまえと言ったのではないでしょうか。

今日は、宗教改革者たちのイメージに対する姿勢を、絵画や版画などのイメージと、彼らが残したテクストから見て参りました。それによって、ルターおよびルター派が宗教改革のメッセージを伝えるためにイメージを広範に利用し、聖堂内でのイメージの使用にも寛容であり、聖像破壊に対して否定的な姿勢を貫いたことがわかりました。さらに改革派の宗教改革者が聖像に対していかに批判的であったのかを、特にカルヴァンのテクストを参照して見てきました。宗教改革者の美術に対する姿勢には、プロテスタントと一言では括ることが出来ない大きな違いがあったことを理解していただければと思います。

質　疑

質問　旧約において父なる神は目に見えない存在として、可視化しないのは理解できますが、新約においてイエスは実際に肉体をもち、生きていたのですから、不可視の神の像を作ってはならないということをイエスにも当てはめることの是非は、宗教改革者の中で議論されなかったのでしょうか。

答 それは大問題でした。

まず、父なる神が不可視であることは前提でありましたが、実際には神の存在を明示することが行われてきました。その上で、イエス・キリストをどう表すのか、表しても良いのかということが改めて宗教改革で大きな問題となりました。それは、キリストの人性・神性の問題に関わるからです。

ローマ・カトリックでは、神の子でありながら、受肉をし、人の子として生まれたイエスを可視化することが積極的に行われました。

ルターは、人としてのイエスしか知覚することは出来ない、それ以上は知りようがない、それは像を通して知っているので、その像を大切にしたいという立場だったと考えられます。

一方、改革派の人びと、中でもツヴィングリは、キリストの二重性において、キリストの人性humanityよりも、キリストの神性divinityの方が本質的であり、重要なのであり、その二つは共存しているので、人性をのみを取り出して描くことは、神性を汚すことになるとはっきり述べています（"Eine Antwort, Valentin Compar gegeben. 27. April 1525"）。その論理をもとにキリストを描くことは禁じられました。[20]

（1） 以下に講演の際に配布した宗教改革時におけるイコノクラスム関連の年表を載せる。これは、Diane Apostolos-Cappadona, "Iconoclasm," in *The Dictionary of Art*, vol. 15, New York, 1996, pp. 78-82 を参照して作成した。その他、簡便なイコノクラスムに関する記述は、Carlos M. N. Eire, "Iconoclasm," in *The Oxford*

Encyclopedia of the Reformation, ed. By Hans J. Hillerbrand, 2 volumes, vol. II, New York-Oxford, 1996, pp. 302-06を合わせて参照されたい。その他イコノクラスム一般に関する文献は枚挙に遑がないが、ここでは『西洋美術研究』(三元社) は、二〇〇一年にイコノクラスム特集号を組んだこと『西洋美術研究』no. 6特集 (イコノクラスム特集)、三元社、二〇〇一、また Stacy Boldrick and Richar Clay (eds.), *Iconoclasm: Contested Objects, Contested Terms*, Aldershot (Hamshire), 2007 および、Carlos M. N. Eire, *War Against the Idols: the Reformation of Worship from Erasmus to Calvin*, Cambridge University Press: Cambridge - London - New York-New Rochelle - Melbourne - Sydney, 1986. またオランダのイコノクラスムに関する美術史側の優れた研究書を挙げておく、Mia M. Mochizuki, *The Netherlandish Image after Iconoclasm, 1566-1672, Material Religion in the Dutch Golden Age*, Ashgate Publishing Limited: Aldershot (Hampshire), 2008.

【宗教改革時イコノクラスム関連年表】

一五二〇年　チューリヒで単発的な発生。ツヴィングリは、聖人崇敬や聖像崇拝に反対する説教を開始。

一五二一年　ルター不在のヴィッテンベルクでカールシュタットらによる最初の破壊運動(一二月)。一二月三日、司教区聖堂でミサ中に投石、ミサ典書が強奪され、司祭が祭壇から引きずり下ろされる。

一五二二年　ヴィッテンベルク市は、ミサの廃止と聖像の撤去に関する指令(一月)、一月二四日、市参事会『ヴィッテンベルク教会規定』を発布、その一三条には画像の撤去が謳われる。ルターはヴァルトブルク城から帰還し、カールシュタットに反対する説教を行う。

一五二四年　チューリヒ市はミサの廃止と聖像の撤去を訴え、二週間にわたり市内の聖堂浄化(六月)。農民戦争(―二五)の最中、ドイツ各地。

一五二八年　ベルンで聖像破壊が起きる。

一五二九年　バーゼルやシャッフハウゼンで聖像破壊が起きる。

一五三〇年　ヌーシャテルおよび南ドイツ各地で聖像破壊が起きる。
一五三五年　ジュネーヴとローザンヌで聖像破壊が起きる。
一五六〇年以降　フランスのユグノー（カルヴァン派）による本格的な聖像破壊始まる。
一五六六／六七年　オランダ七州において大規模な聖像破壊、ハプスブルク家フェリーペ二世が軍隊を派遣するに至る。
一五七八年　オランダ、ハールレム市における聖像破壊。

（2）木俣元一は、教皇グレゴリウス一世によるこの名高い方針を裏付けるテクストを近年改めて検証した、木俣元一「*Pro lectione picture est?* グレゴリウス一世、イメージ、テキスト」『西洋美術研究』no.1 特集（イメージとテキスト）、三元社、一九九九。

（3）「イメージの力」に関して、ここでは先駆的にして、今日もなお最も充実した研究書として、David Freedberg, *The Power of Images: Studies in the History and Theory of Response*, Chicago, 1989 を挙げなければならない。同書の第14章は「偶像崇拝と聖像破壊」を論じている、*ibid.*, "Idolatry and Iconoclasm," pp. 378-428. また、日本語による書物を一冊挙げるとしたならば水野千依『イメージの地層』名古屋大学出版会、二〇一一。

（4）元木幸一「美しく、白い壁：ドイツ宗教改革のイコノクラスム」『西洋美術研究』No. 6、前掲書、二〇〇一、三五–五〇頁、特に註36を参照。木版に書き込まれた銘文「生命なきわれわれをもって、これを始めたのは彼ら自身であり、しかし、今や他のことにも責任を負い、罪を被るべきは、汝ら自身である。それは確かに不正な報酬であり、汝ら自身がわれわれを偶像にした。そして今や汝らはわれわれをそれゆえに嘲笑している……。到達することを夢想もしなかった地点へわれわれを連れてきたのは、汝らであり、われわれをこのような豪華な物に仕立て上げ、作り上げた罪深き人は、汝らなのである。」cf. Michael Baxandall, *Limewood Sculpture of Renaissance Germany*, New Haven-London, 1980, pp. 78-81.

（5）ルターの肖像については、ほぼマルティン・ヴァルンケ『クラーナハ《ルター》』岡部由紀子訳、三元社、一九九三に従った。
（6）グイド・メスリング＆新藤淳（編）『クラーナハ展　五〇〇年後の誘惑』展覧会カタログ（国立西洋美術館）、二〇一六。
（7）実際には、この作品がウフィツィ美術館前身のメディチ家コレクションに入ったのは、一五六七年から一五七〇年の間である。メディチ家コレクションに含まれたルター関係の絵画については、二〇一七年一〇月三一日から二〇一八年一月七日まで同美術館で開かれた「宗教改革の顔：メディチ家コレクションにおけるルターとクラーナハ」展のカタログに詳しい、*I volti della Riforma: Lutero e Cranach nelle collezioni medicee*, catalogo della mostra tenutasi nelle Gallerie degli Uffizi (2017-18), Firenze-Milano, 2017.
（8）同主題を描いた物として板絵、祭壇画、木版画、フレスコ画などがあるが、板絵の例としてゴータ版、ヴァイマール版、プラハ版、ニュルンベルク版、ケーニヒベルク版などがある。祭壇画としては、シュネーベルク祭壇画とヴァイマール祭壇画が挙げられる。
（9）森田安一『木版画を読む　占星術・「死の舞踏」そして宗教改革』山川出版社、二〇一三年、二三七―二五五頁を参照。
（10）《ヴィッテンベルク祭壇画》に関する著作は多数あるが、ここでは以下のものだけを挙げておく、Joseph Leo Koerner, *The Reformation of the Image*, London-Chicago, 2004; Steven Ozment, *The Serpent and the Lamb: Cranach, Luther, and the Making of the Reformation*, New Haven-London, 2013.
（11）Cf. Joseph Leo Koerner, *op.cit.*, pp. 290, 321-23. ルターは、一五三〇年に祭壇上に「最後の晩餐」の絵を置くことを助言していた、Martin Luther, *Werke, Kritische Gesamtausgabe*, xxx/1, Weimar, 1883, S. 415. Cf. Koerner, *op. cit.*, 289-303, 470 note 25. ルター派の祭壇画の九〇パーセントは、「最後の晩餐」（聖体拝領の設立）の主題が選ばれていることが指摘されている、P. Poscharsky, "Das lutherische Altarretabel im 16.

Jahrhundert im Vegleich mit dem gotischen Retabel," in *Cranach-Werke am Ort ihrer Bestimmung*, ed. by B. Seyderhelm, Regensburg, 2015, S. 25-34.

(12) 祭壇画一般について、遠山公一編著『祭壇画の解体学　サッセッタからティントレットへ』ありな書房、二〇一一年参照。ルター派の祭壇装飾については、cf. Bridget Heal, "Lutheran Baroque: The Afterlife of a Reformation Altarpiece," *Art History* vol 40, Issue 2 (April 2017), pp. 358-379.

(13) ルター「二種陪餐について」Von beyder gestalt des Sacraments zu nehmen. 1522. 石居正己訳『ルター著作集』第一集、第五巻、ルター著作集委員会編、聖文舎、一九六七、六九―七〇頁。

(14) ルター「天来の預言者らを駁す」(1525) 第一部、石本岩根訳、『ルター著作集』第一集、第六巻、ルター著作集委員会編、聖文舎、一九六三、三五―二九六頁。引用箇所に示した頁数は、すべて同書による。

(15) Charles Garside, Jr., *Zwingli and the Arts*, DaCapo Press: New York, 1981 の特に第8章 "The Answer to Valentin Compar" を参照されたい。この章は、ツヴィングリによって一五二五年に書かれた「ヴァレンティン・コンパルへの返答」を問題にしているが、その原文は、"Eine Antwort, Valentin Compar gegeben. 27. April 1525," in *Huldreich Zwinglis Sämtliche Werke*, Band IV, Kraus reprint, München, 1981, S. 35-159.

(16) ジャン・カルヴァン『キリスト教綱要　改訳版　第一篇・第二篇』渡辺信夫訳、新教出版社、二〇〇七、四二〇頁。

(17) ここでは、渡辺信夫訳の『キリスト教綱要』(前掲書) から、その訳註21と23を引用する。

「21　十戒の区分　プロテスタントの間でも十戒の区分は統一されていない。改革派とルター派の区分は別々である。改革派では、一五三四年のチューリヒのレオ・ユートの信仰問答以来、カルヴァンがここで用いる区分法を採用する。焦点となるのは、像を刻むことを禁止する規定の扱いである。改革派ではこの第二戒の復元が為された。」(前掲書、四一四頁)

「23　カトリックでは、出エジプト二〇・二―六を第一戒、二〇・七を第二戒、二〇・八―一一を第三戒として、残りを第二の板にまわす。そして二〇・一七を二分して第九、第十戒とする。トマス・アクィナス『神学大全』第二部の一第一〇〇問第四項。ルター派はこれを踏襲する。」（前掲書、四一四—一五頁）

(18) ジャン・カルヴァン『キリスト教綱要　改訳版　第一篇・第二篇』渡辺信夫訳、新教出版社、二〇〇七、一〇七—一二五頁。

(19) Cf. Christopher Richard Joby, *Calvinism and the Arts: A Re-assessment*, Leuven-Paris-Dudley (MA), 2007.

(20) Cf. Garside, *op. cit.*

ルターの音楽観とその受容

ヨーハン・ゼバスティアン・バッハまで

佐藤　望

1　宗教改革と音楽

宗教改革は、教会の権威によらず、個々の人間と神との直接的な関係を問う新しい信仰の覚醒運動ですが、音楽と神の世界との関係の思想的変化にも多く影響を及ぼしていきます。音楽と神学との関係においては、宗教改革はある種決定的な分岐点となっています。

この信仰の覚醒運動において、音楽をどう捉えるかということについて、マルティン・ルターとジャン・カルヴァンは決定的に異なっていました。ルターは、中世以来の神の秩序としての音楽思想、神の恩寵としての音楽の思想をほぼそのまま継承します。カルヴァン派と対抗宗教改革後のローマ教会は、音楽を奢侈と罪の象徴として制限的に取り扱うということにおいて、共通しています。教会や礼拝における音楽の取り扱いが、実際にどのようなものであったかということは、事情がもっと複雑であったのですが、ここでは思想的な問題だけを取り上げたいと思います。

ローマ教会は、対抗宗教改革（反宗教改革）の影響で、公式の教会法においては一六〇〇年に出されたクレメンス八世の司教定式書で、オルガン以外の楽器の使用は一切禁止とされ、オルガンも非常に制約を受けた形で使用されることが定められていました。この定式書はトレントの公会議の決定を始めて文書化したものとして引き継がれています。この定式書は一九世紀末一八八六年にレオ八世によって改訂されますが、楽器の使用の定めについては変わりませんでした。オルガンの典礼上の役割が明示されるのは、一九六二―六五年の第二ヴァチカン公会議です。もっとも、カトリック教会は、教会法で定めてから何かを実践するというよりかは、末端教会で実態が全く変わってしまってから一〇〇年単位で遅れて教会法を変えるという大らかさをもっています。ですから、実際はオルガンや楽器は教会で使われ続けています。しかし、対抗宗教改革時代にこれに非常な拒否反応があったことは事実です。

カルヴァン派はもっとラディカルで、単声の聖歌以外の教会音楽を基本的には一切禁止しました。多声の音楽は基本的に教会を乱すものだと考えました。楽器の使用は旧約時代のユダヤ世界の罪の悪習によるものとして、教会および礼拝での使用を一切認めませんでした。音楽のみならず芸術や偶像の取り扱いにおいて非常に厳格な立場をとるカルヴァン派と、音楽に寛容というかむしろ音楽を積極的に奨励したルター派との間には大きな隔たりがあります。そのためもあり、典礼上や神学上の相違、生活規律の厳格さという点で、両派は激しく対立します。一七世紀の説教集を読んでいると、ルター派の牧師や説教師たちが公開の礼拝説教でローマ教会のみならず、カルヴァン、ツヴィングリ、ベザらとその一派を激しく非難するという場面は決して珍しくありませんでした。カルヴァンやツヴィングリの芸術を否定する態度が、聖像破壊（イコノクラスム）運動の遠因にもなっているということは、よく知られています。

音楽が感覚的で悪魔的、目や耳への誘惑が罪に誘うものであるという考えは、カルヴァン派とローマ教会で奇妙にも一致していたのです。しかしマルティン・ルターの態度は異なります。ルターは多くのドイツ語のコラール（衆賛歌）を生み出し、教会における音楽活動を促していきます。

ルターには音楽の才覚があり、いくつかの讃美歌を自ら作曲していることはよく知られています。ルターの作曲の讃美歌で、日本で最もよく知られているのは、「神はわがやぐら」（『讃美歌21』では「神はわがとりで」Ein' feste Burg unser Gott）です。ルターが作曲した讃美歌は二十数曲伝えられております。ルターが改作したり、歌詞を書いたりした曲はさらに多くあります。これらの多くは今でも、ドイツをはじめ世界の教会で歌われ続けています。また、ルターは相当に高度な音楽教育を受けており、讃美歌だけでなく、多声の作曲も手がけていました。当時の一流の作曲家ルートヴィッヒ・ゼンフル（一四八六—一五四二／三）との親交があったことでも知られています。ゼンフルは、ルターの要請に応えて、彼にあるモテット（多声の声楽曲）を送っています。

ゼンフルの作品に詩編一一八編一八節の言葉に作曲したものがあります。「私は死ぬことなく、生きながらえて、主の御技を語り伝えよう。主は私を厳しく懲らしめられたが、死に渡すことはなさらなかった。正義の城門よ開け、私は入って主に感謝しよう。」と歌います。

ルターが残したわずかな多声の楽曲には同じ詩編の言葉によるものがあります。そこではゼンフルの旋律が引用されています。ルターのゼンフルへの敬意を見て取ることができます。

2　ルターの音楽観

それでは、ルターはどのように音楽について具体的に捉えていたのでしょうか。ルターの音楽に関する考え方は、彼の卓話や讃美歌集前文、音楽作品集前文、聖書講解、ゼンフルへの手紙等において知ることができます。ルターは数十巻にわたる多大な著作を残していますが、そのなかで音楽Musicaについて述べている文書は少しです。他にも、賛美や、聖書の中の諸賛歌、詩編の講解の中に、賛美や音楽についての論究は多く見られますが、芸術、あるいは技芸としてのMusicaについての記述は実はわずかなのです。《ヴィッテンベルク讃美歌集》の前文（一五二四）、ゼンフルに宛てた手紙（一五三〇）、ライプツィヒのトーマス教会カントルであったヨハネス・ラウが出版した《シンフォニア・ユクンデ》の前文（一五三八）、『卓話集』の中に見られる音楽に関する言説などが、具体的にルターの音楽観を伝えています。それらの言葉を見てみましょう。

もっとも美しく、もっともすばらしい神の恵みのひとつは、音楽である。サタンは音楽に非常に敵対的である。音楽で人は多くの誘惑と悪の思いを取り除くのだから、サタンはそれに耐えることはできない。音楽は最良の技芸のひとつである。楽の音は言葉を生かし、サウル王の例に見るように、悲しみの魂を追い払う。（ルター『卓話集』より）[1]

音楽は最も高貴な神の恵みであるという表現は、ルターの記述中にしばしば見られます。音楽Musicaは神の創造物であり、人間に与えられた非常に貴い恵みというのです。音楽は人間の創作物、創造物ではなく、神の創造物であるという考えは、ルターにおいて一貫しています。ルターはまたこうも述べます。

ここで私はこの高貴な技芸の有益さについて語るべきであろう。この有益さは極めて大なるがゆえに、それについて説明しよう、あるいは説明したいと思っても、誰もそれについて十分に説明することはできない。ゆえに私が経験から証しすることのできるごく一部を示すことにしよう。神の聖なる言葉をさほど適切に、さほど高く称賛し、賛美することができるものは、ムジカ［音楽］をおいてほかにない。ムジカは人間の心のあらゆる動きを力強く権威をもって支配するものだからである。人は、ムジカによって、主ご自身によるのと同様に支配され、征服されるのである。地上において音楽ほど、悲しむものに喜びを与え、喜ぶものを悲しませ、落胆したものに勇気を与え、羨望と憎しみを和らげるものはない。ムジカをおいてほかに誰が、人々を支配する人の心の動きを、徳へあるいは悪習へと誘ったり、追い立てたり、説いたりすることができるだろうか。私は言おう、音楽よりも、人間の感情の動きを捕えて、支配する力のあるものは、他にない。［……］

神の創造されたムジカは、神の秩序と調和を人間の心に浸透する。サウルの心をダビデが和らげる旧約聖書の物語は、サムエル記上一六章二三節に記されています。「神の霊がサウルを襲うたびに、ダビデが傍らで竪琴を奏でると、サウルは心が安まって気分が良くなり、悪霊は彼を離れた」（サムエル記上一六・二三）という箇所です。この文章は次のように続きます。

ムジカという自由な技芸、この美しく高価な神の恵みは、［……］世の初めからすべてのあらゆる被造物に神から与えられたものである。この技芸ははじめからすべてのものとともに創造された。というのも、世界にはまだまったく何もなく、音も響きも存在しなかった。宇宙のなかには少なくともムジカがあった。それは美しい響きと音であるが、静けく黙していたようである。しかし、その空が何かによって動かされ促されると、宇宙は宇宙のムジカすなわち自らの音・響きを生み出す。この響きははじめ沈黙していたが、やがて聞こえるようになり、そしてムジカとなった。ムジカは聞き取ることも捉えることもできなかったが、やがて聞き取り捉えることのできるものとなったのである。これにより、霊はすばらしい偉大な秘密を明かす。……」（ゲオルク・ラウ《喜びのシンフォニア Symphonia jucundae》一五三八年へのマルティン・ルターの前文）

音楽は、天体・宇宙とともに神が創造されたものであり、神の創造の神秘は音楽によって人間に証されることが述べられています。さらに別の言説においては、音楽が娯楽というよりはむしろ知や学問の領域に属するものであると捉えられています。

神学に次ぐ学問領域として音楽に並ぶべきものは他にない。そう断じ、主張することを私はためらいません。音楽だけが安らかで喜びに満ちた心を成就させることができるのです。その証拠に、悲しみ悩みの不安や心配を支配する悪魔も、神学の言葉と同様に、音楽の響きの前には逃げ出します。だから、預言者たちは他のいかなる技芸ではなく音楽こそを重んじたのです。彼らは、幾何学でも算術でも天文学でもなく、音楽の中にその神学の教えを著そうとしました。そして、神学と音楽は密接に結びつき、詩編と賛歌の中に真実を告げてきたのです。（ルートヴィッヒ・ゼンフルに宛てたルターの一五三〇年の手紙(2)）

つまりここでは、音楽の三つの意味が説かれていると考えられます。すなわち、第一に、神の恵みとしての音楽、第二に天の表象としての音楽、そして第三に神の言葉を語る音楽です。

音楽が現代のように人間の創作物ではなく、神の創造物であり、天から与えられた神の恵み・恩寵である考え方はルターにおいて一貫しています。というルターは、中世以来の音楽思想を受け継いでいました。この言葉の中には、天文学、幾何学、算術と音楽を比較していますが、これは中世以来の音楽思想と深く関係しています。ルターは、修道士としてこの中世以来の学問を修めていました。

我々が音楽と呼ぶものは中世を通じて、ラテン語でMusicaとかHarmoniaあるいはCantusと呼ばれました。Cantusは歌や楽曲、音階や多声のパートなどを表す幅広い意味で使われる言葉でしたが、MusicaやHarmoniaもう少し形而上学的な意味合いで使用される言葉です。MusicaやHarmoniaは数の秩序、数学的秩序と関連がある概念です。音楽が数理や数学と関係するという思想は、古代ギリシアの数学理論、音楽理論から引き継がれました。一オクターヴが一二の半音に数理的に分割可能であることを示したのは、ピュタゴラス楽派の数理理論です。その分割の過程でさまざまな和音が成立します。すなわちHarmonia, Harmonyです。和音はすなわち調和であり、ときに協和的であったり、ときに不協和であったりします。古代ギリシアにおいては、現在のオルガンの原型ともいえるヒュドラウリスという楽器が作られ、これは支配者の権威を表すものとして使用されました。ヒュドラウリスは当時のテクノロジーを駆使し数理的な設計がなされた楽器です。Musica イコール Haromoia、Harmonia イコール Ratio/Mathematicaという考え方は古代ギリシア時代に端を発し、ヨーロッパ文化が引き継いだ思想です。

ヨーロッパでは中世を通じ、Musicaは、学問の一領域でした。中世の教養人が学ぶべき七領域の学問は、自由七科（septem Artes liberales）と呼ばれます。そのなかには、数に関わる四科と、言葉に関わる三科がありました。数に関わる四科とは、幾何学・算術・天文学・音楽であり、言葉に関わる三科とは文法・修辞学・論理学でした。Musica あるいは Ars musica は、Harmonia（調和、ハーモニー、音楽）そのものであり、それは、Ratio（数比、合理性）といった概念に関係するものでした。そしてさらに Musica は、Ratio の学問そのものである幾何学やその基礎となる算術、さらに数理的原理によって支配される天体の動きを解明する天文学と同一の領域とみなされたのです。天体に見られるような完全な調和は、数に還元される合理的原理によって成り立っている。そしてそれは創造者の完全なる秩序を反映していると考えられていました。これは、五世紀のローマの哲学者、数学者、思想家のボエティウスが確立する理論の体系ですが、バロック時代にまで伝承され続け、影響を及ぼし続ける理論です。

ボエティウスは、Musica はさらに Musica mundana, Musica humana, Musica instrumentalis に三分類されると説きます。Musica mundana とは天体の Musica であり、天体の秩序ある動きは音楽の秩序と相応関係にあると考えます。この概念は宇宙と世界は神の創造された秩序に満たされているという思想と結びついています。Musica humana、すなわち人間の Musica は人間の霊魂と肉体も神の創造された秩序によって成り立っているものであり、それは人の倫理的行動を支配することができると考えます。これは古代のアリストテレスの音楽思想から影響を受けた考え方です。そして、Musica instrumentalis、直訳すれば道具の Musica ですが、上記二つの Musica は観照上の概念ですが、これは実際に音として鳴り響く、耳で認知しうる音楽のことです。ボエティウスの音楽理論は、古代ギリシアの音楽理論をローマ・キリスト教思想の文脈で再体系化したものということができます。すなわち、神の創造された世界、宇宙は、神の秩序そのものによって成り立っており、神の秩序と神秘の片鱗は数理的な学究によって解明することができる。神の世界である宇宙の調和、人間の霊魂と肉体の調和に相応する存在として、音楽すなわち Musica が存在すると考えられたのです。Musica は神の創造の神秘そのものであり、人間の領域と神の領域との間で調和的に鳴り響くものだったのです。
ルターの音楽思想は、このようにヨーロッパの学問の伝統のもとにありました。音楽は神の恵みであり、神の創造物であり、天空の調和と音楽の調和は同一のものであり、それが神の創造した人間の魂を捉え、神にある魂の平安が得られる、このようにルターは理解していたのです。現代においては、音楽や賛美が人間の心から発する言葉であり、芸術が人間の精神の創造物、個人的な趣味や好みに属する個人的なもの、と、考えています。現代人はそのように音楽や芸術を捉えていますが、ルターは決してそうではありませんでした。そして、この考え方は一貫して、一八世紀までのルター派教会において伝承されていきます。

一七世紀の前半、ルター派教会の最大の作曲家に、ハインリッヒ・シュッツという人物がいます。シュッツは、ヴェネツィアのサン・マルコ聖堂のオルガニストで当世きっての巨匠、ジョヴァンニ・ガブリエリに学び、ドレスデンのザクセン選帝侯宮廷の音楽家として長く活躍します。ドイツのプロテスタント音楽を切り開き、ルターの理念にしたがって、ドイツ語、ラテン語、イタリア語の非常にたくさんにすぐれた作品を作曲した人です。バッハ・ファンは日本にとても多いのですが、シュッツ・ファンというのは非常に少ないです。しかし、シュッツは間違いなくバッハと同等の優れた作曲家です。シュッツは、二重合唱、三重合唱といった多重合唱のスタイルの曲をたくさん書いています。シュッツ《シンフォニア・サクラ集》(第三巻、一六五〇年)の中に「来たれ、聖霊、主なる神よ」という曲がありますが、これは三重合唱の曲です。多重合唱とは、楽隊や合唱団を分割して、教会の異なる位置(祭壇前、バルコニー上、後方など)に配置し、お互いに交代したり、合わさったりしながら演奏できるように書かれています。上方に設置された合唱隊が天の軍勢の合唱を歌い、祭壇前の合唱隊が地上の賛美を歌う、それがときに交代し、ときに対話をし、ときにともに合わさって歌うという手法は、まさにルターが中世から引き継いだ天の国のハルモニア（調和）が、音となって地上に降り注ぎ、人間の心を穿って、神の創造を誉め称えるといったイメージを、具現化したものということができるでしょう。

この曲の歌詞は、マルティン・ルターによるものです。ルターは、「霊はすばらしい偉大な秘密を明かす」と述べました。音のない宇宙に、神の霊が働き音が生まれ、それが音楽となった。この曲では、来たれ聖霊と祈る人の祈りが地上で捧げられると、天の軍勢が天上からハレルヤと歌う、それを実際に音楽によって、その音響効果によってそれを描写しています。

3　音楽と説教　Cantio et Contio

ルターが音楽に関する論究を断片的にしか残していないと言いました。ルターの神学を継承して音楽の神学とも言える論考を構築していった人物に、ミヒャエル・プレトリウス（一五七一？―一六二一）という人がいます。プレトリウスは、一七世紀ドイツ音楽理論史上で重要な業績を残し、また作曲家としても多くの優れた作品を生み出しました。彼の三巻からなる『音楽大全 Syntagma musicum』のうち、第二巻は楽器事典、第三巻は音楽や作曲に関する実践的知識を記したものであり、当時の音楽の様相とりわけイタリアに始まった新しい様式の音楽やその演奏法を伝える意図で書かれており、当時の音楽の様相を知るための貴重なドキュメントとしてかつてから非常に注目され、研究も進んでいます。しかし、その第一巻は抽象的な音楽史弁論であり、あまり注目されてきませんでした。

しかしプレトリウスにとっては、この第一巻こそが音楽の知の基盤を提供し、書物全体を「大全 Syntagma」と呼ぶに相応しいものにするために不可欠なものであったと考えられます。彼は古代からの宗教音楽・世俗音楽に関する知識を継承していますが、その際、ルターの音楽思想をその記述全体のバックボーンとしています。『音楽大全』第一巻はいわば、プロテスタント音楽神学の体系化を最初に試みたものと言うことができます。

プレトリウスは、相当な神学的知識と才覚をもっていた人物でした。彼の同名の父ミヒャエルはヴィッテンベルク大学のルターやメランヒトンのもとで神学を学んでいました。父ミヒャエルがトルガウのラテン学校の教師を勤めていたとき、ヨーハン・ヴァルターが同僚でもありました。また兄アンドレアスは、フランクフルト（オーデル）大学の神学教授であり、ミヒャエル自身もそこで神学を学んでいました。そのまま行けば、兄や父と同様に神学を修めラテン学校教師や大学の神学教授を目指していたことでしょうが、経済的支えであった兄の死により彼は勉学をやめ、ヴォルフェンビュッテルで宮廷楽長の役職を得て音楽家としての道を歩み始めたのです。

ドイツの神学者のヨッヘン・アーノルトは、プレトリウスが、「説教［Contio］」と「歌［Cantio］」という言葉を並置することで、ルターが述べた音楽と神学の密接な連関あるいは同等性についての思想を発展させたと指摘しています。(3) プレトリウスの『音楽大全』第一巻は、聖書や種々の神学書、教父やその他の識者らの書物における音楽や歌唱に関する記述が体系的に示され、音楽や歌唱が、聖書の言葉と同様に、礼拝や典礼・儀礼のなかで不可欠なものであり続けたことを示そうとしているのです。説教によって与えられた光が、歌と音楽によって人の心を照らし正しく導く。言葉を聞くという行為そのものは受け身のものですが、それが歌と音楽によって人間自身の意思による能動的なものとされる、と言うのです。

したがって、説教［Contio］と歌［Cantio］はともに、同じ信仰告白の一致と調和において、キリスト

> への信仰の教え、キリストの血により実現された贖（あがな）いについての唯一の教えを告げ知らせ、それを喜び祝うのだから、この二つの典礼形式が堅固な二つの支柱となると述べるのは適切なことである。（プレトリウス『音楽大全』第一巻、一六一四―五年）[4]

ルターによる音楽と神学の一体性についての考え方、すなわち神の言葉を明かす「説教」と、その言葉により心動かされた人が神に捧げる「祈りや歌」が礼拝を支えるとした考え方を、プレトリウスはより体系的な知識でもって肉付けしようとしていました。

そのなかでプレトリウスは、ローマ・カトリック教会の中で伝統的に用いられてきたミサの諸要素すなわち、キリエ、グロリア、集禱、グラドゥアーレ、ハレルヤ、クレドなどの意味や由来、それらの礼拝における用い方について詳細に解説しています。それに加えて、詩編、レスポンソリウム、賛歌、マニフィカトなどの歌に関してもすべて同様な解説を加えています。プレトリウスはまた、器楽が聖書のなかで神の賛美のために使用されてきたこと、またユダヤ教、キリスト教の歴史のなかで典礼の不可欠な要素であったことを示そうとします。プレトリウスはルターのコラールに基づく作品を多く残しておりますが、古来より伝承された音楽もコラールと同様の重要さをもって取り扱っていたのです。

宗教改革以降、典礼の要素を巡ってはさまざまな論争があります。宗教改革以来、器楽とくにオルガンの使用が正当化されるかどうかということは、宗派を問わず激しく論議されていますが、プレトリウスはルターがそうしたように、典礼の中に含まれるローマ・カトリックの音楽遺産の全体をそのまま引き継ぎ、そしてそれは聖と俗、声楽・器楽、また古代の諸地域の音楽遺産をも同時に引き継ぎながら、それらがすべて全体として、神の栄光への賛美となる音楽神学論を展開したのです。

4 教会音楽をめぐる論争

ところが音楽をルターがいうように、天の恵み、神からの賜物として、無条件に教会の中で、礼拝のなかで認めるという状況では、必ずしもありませんでした。とりわけ一七世紀に入ってから、宗教音楽をめぐる論争が非常に盛んになります。

何たる礼拝か。聖なる神の会衆が、自身の代りに、死んだパイプを立ち並べ、わざとらしい声の技巧をひけらかす人々を、神の賛美のために使っている。霊であられる神がそのようなもので賛美されるとでもいうのか。（グロースゲバウアー『荒れ果てたシオンからの物見の声』、一六六一年）[5]

一六六一年に北ドイツのある神学者が、『荒れ果てたシオンからの物見の声』という書物のなかで、教会における器楽、オルガン音楽、多声声楽曲（カンタータのような作品）を廃止することを訴えます。

その頃、教会で平日のコンサートのようなものが開かれるようになっていました。北ドイツのリューベックという町では、証券取引の開設の前に、その近くの聖マリア教会でコンサートを楽しむようになっていました。こうして音楽に娯楽的な要素が増えていきます。一方、宮廷において多彩で華やかなダンス音楽やオペラが催されていました。また、カストラート歌手たちが活躍するようになり、彼らはオペラの花形となっていき、こうしたイタリア・オペラや、フランス宮廷音楽の要素が、教会音楽に入ってくるようになります。

敬虔主義（ピエティスムス）

それと同時に、ドイツ、プロテスタント地域に広がっていたのが、敬虔主義（ピエティスムス）の運動です。敬虔主義は、敬虔、教化、再生をモットーとした信仰運動、教会改革運動でした。この運動に参加した人々は、「敬虔な集会」と称する小集会を頻繁に開き、教会を通じた信仰継承よりも、祈りと敬虔な生活によって神との関係を重視します。そして、奢侈、贅沢を厳しく戒め、信仰によって覚醒し再び生まれる、「再生」することを解きます。

災いだ、シオンに安住し／サマリアの山で安逸をむさぼる者らは。諸国民の頭である国に君臨し／イスラエルの家は彼らに従っている。……お前たちは象牙の寝台に横たわり／長いすに寝そべり／羊の群れから小羊を取り／牛舎から子牛を取って宴を開き竪琴の音に合わせて歌に興じ／ダビデのように楽器を考え出す。大杯でぶどう酒を飲み／最高の香油を身に注ぐ。しかし、ヨセフの破滅に心を痛めることがない。（アモス六・一―六）

これは、彼らが音楽について語るときしばしば引用した聖書の箇所です。音楽の持つ危険さ、非倫理性は、敬虔主義の神学者のあいだでたびたび論議されます。敬虔主義の運動に組みした一連の人たちから発せられた論議のなかで、しばしば論議となるのは、音楽がアディアフォラかということです。アディアフォラ、中間物 Mitteldinge とか indifferente Dinge と呼ばれるものは、宗教的に積極的に禁止されても命じられてもいないものを指します。ダンスや、喜劇、オペラといったものは、宮廷的快楽を求めるものであって、積極的に禁じられているものではないが無益なものとみなされ、悪用される場合は悔い改めに資することがないので生活から退けよという主張は、このサークルの人々のなかでは、広く広がっていたようです。ハレの敬虔主義運動の指導者であったアウグスト・ヘルマン・フランケは『アディアフォラを吟味する』[6]という論文を一六九八年に出し、これらを無益でこの世的な罪に誘うものとして強く非難します。フランケの運動と深くかかわっていたゴータの町の高等学校（ギムナジウム）の校長ゴットフリート・フォッケロートという人物は、音楽に最も否定的な論を展開します。一六九六年に彼が行った公開演説を皮切りに論争が勃発します。彼は、皇帝クラウディウスは学問を、ガイウス帝は演劇を、ネロは音楽を悪用して罪に陥ったと述べます。[7]

> 世界はそれほど耐え難いものではなく、その肉の業も非難すべきものでもない。それらが中間物Mittelding であり、許された喜び［Lüste］であれば、それが罰せられることもない。しかし、もし、私がこの問題について語るに、世に心地よさをもたらす気晴らし、すなわち行き過ぎた奢侈と恥を知らずに悪用された音楽、オペラ、コメディーが、自由なものから、罪深く忌まわしきものをもたらすとするならば、そのことについて確信と確証をもって警告が発せられなければならない。（フランケ『アディアフォラを吟味する』一六九八年）[8]

肉の業、許された喜び［Lust］（このLustという言葉は肉という言葉と結びつけられると、欲という意味に代わります）。フォッケロートの記述を読んでいくと、目の欲、耳の欲、肉の欲といった概念が、神話世界における非倫理的な表象、ローマ皇帝たちが悪用したギリシア文化への批判、演劇批判と結びつけられる伝統の上にたって記述されていることが分かります。
バッハの時代まで、この種の論争は非常に頻繁に繰り返されていました。そして、音楽を不要な奢侈と捉えて抑制する、または非難する動きが、決して無視できない広範な広がりもっていたことは間違いありません。

5　内面の覚醒

一七世紀以降、宗教がやがて社会的・政治的なものから、個人の内面のものへと変わろうとする兆しが見られるようになり、それに伴って教会音楽の捉え方、音楽に関する感じ方も次第に変化していきます。一七世紀初頭に活躍した神学者ヨーハン・アルントは、宗教改革後、抗争と論争の末、社会的・政治的機関と化したルター派教会への反省を促し、内面の信仰と神との正しい関係の回復によって救いがもたらされるとした、ルターの改革の原点に立ち返ろうとします。アルントが一六〇五年以降出版した六巻からなる『真なるキリスト教について Vom wahren Christentum』は、個々の信徒が日々聖書を学び、私的な祈りと瞑想によってキリストの教えを心に刻むために書かれました。このような信徒のための修養の書は、それまでほとんど存在しておらず、この本はその後何度も再版され、各国語に翻訳されました。この書物は一〇〇年以上後のバッハの蔵書の中にも含まれていたことが分かっており、その影響力の大きさが窺い知られます。第三巻の前文でアルントは次のように述べます。

神の国はあなた自身の中に、探し、見出すことができることを、私はこの書を通じて知ってほしい。

そして、あなたがそれを見出したなら、神に心と魂のすべてを捧げなければならないことを知ってほしい。しかも、それを知識としてだけでなく、硬い意思と心からの愛をもってそうすることを、わたしは願っている。(9)（アルント『真なるキリスト教について』第三巻、一六六四年）

キリストの姿を自らの内面の鏡に映し取り、心と魂においてキリストとひとつとなり、神の国を外界に求めるのではなく、自らの内面の中に築くことを、すべてのキリスト教徒に、アルントは求めていくのです。平易なドイツ語を用い、二人称で語りかけるこの書物は、神学書や聖書よりもはるかに直接的に、印象的に聖書の教えを心に刻むことに役に立ったと思われます。

この頃、音楽においても、教義の「理解」ではなく、宗教的な瞑想のなかで、内面におけるキリストとの直接対話により、それを「感じる」ことを促す作品が多く生み出されるようになります。

一七世紀後半から一八世紀初めにかけて活躍した作曲家にディーテリッヒ・ブクステフーデという人物がいます。彼は、北ドイツのリューベックで活躍し、多くのオルガン曲やカンタータを書いており、バッハにも非常に大きな影響を与えた作曲家として知られます。彼は、感覚的で内面的な新しいスタイルの音楽を追究しました。《我らがイエスの御体 Membra Jesu nostri》という有名な受難音楽は、イエスの受難を、イエスの体の部分、足、膝、手、心臓、頭それぞれに心を寄せるという内容の作品です。その歌詞は、一三世紀の詩人アルヌルフ・フォン・レーベンが書いたラテン語詩です。神と世界、神と人間の関係を神秘として捉えた中世の思想が、ルターの宗教改革の後、自らの信仰によって神との新しい関係を模索する神学者たち、詩人たち、音楽家たちの言葉と音楽のなかに、再び息づいた作品です。そのなかの「膝によすAd Genua」では、最初に、心を揺らすような感傷的なトレモロのソナタがヴァイオリンで演奏されます。

われます。

その後、イザヤ書六六章一二節、「汝らは御乳房の上に運ばれつ、御膝の上に抱かれん」という歌詞が歌われます。

イエスの血の滴りに接吻し、涙にむせぶ表現や、イエスを花婿としてわが内に迎え入れようとする表現があります。ヨーハン・ゼバスティアン・バッハのカンタータ《目覚めよ、と呼ぶ声あり》（BWV 140）にも、花婿を待ち続けた花嫁であるキリスト者・教会がついに、喜びの婚礼の日を迎える様子が描かれています。終末におけるキリストとの合一、婚姻というトポスは、神の国を内面の中に求める新しい時代の信仰の姿を反映していると言うことができるでしょう。

6　音楽をめぐる神学論争と音楽家

先に、一七世紀から一八世紀にかけて、新しい教会音楽のスタイルに対し、あるいは教会における楽器や音楽の扱いについて、激しい論争があったと述べました。ルターが音楽好きだったからルター派教会では音楽が盛んになった、といった単純なものではなかったのです。

多く音楽家は、こうした論争について無言です。あるいは、我関せずの態度を取り、オペラやさまざまな新しいユーモアのある作品に取り組む作曲家もいました。例えば、テレマンなどがそうです。論争に挑み理論的・神学的な反論をする音楽家もいましたが、それはごく少数でした。そのなかで、ヨーハン・ゼバスティアン・バッハは、非常に特別な態度を取っていたと私は考えています。それは、聖書の歌詞の重視とルターのコラールの伝統を堅持しただけでなく、作品を通じて音楽の形而上学的・神学的な意味を顕示し、当時多方面から非難されていた複雑な対位法を守り続けると同時に、それにさらに磨きをかけた完璧な作曲技法を追求しているからです。

バッハと音楽神学

もっとも、バッハも、音楽に関する神学論争に関しては、一切無言を決め込んでいます。バッハは、カントルであり、カントルというのは、ルター派教会付属学校における校長とともに宗教教育を行う教師であり、ラテン語教師、音楽教師を兼ねる役職でした。現在ではカントルというのは、音楽を専ら教える教師ですが、ルターの意思を受けてメランヒトンがカントルの役職を置いて以来、カントルの職務に関しては、音楽を中心とするべきか、宗教教師としての役割を重視するべきかという論議・論争が繰り返されていました。バッハは、ラテン語教師としての役割は、自らの給与から別の教師を雇うことによって免除されていました。多くの教会でカントルが行っていたカテキズム教育のような宗教教育もおそらく日常的にはやっていませんでした。ですから、影に日向にバッハの活動を良く思わない者は、多くいたと思われます。ただ、バッハは、幾人かの音楽家が行ったように、公然とこうした非難に対して反論することはしませんでした。バッハは、音楽をめぐる諸論争に関しては、一切沈黙を守っています。しかし、いくつかの重要な作品において、バッハは音楽作品で、音楽と神学との関係を示そうとしています。

そのなかでも最も重要な作品は、ひとつは《マタイ受難曲》であり、もうひとつはオルガン曲である《クラヴィーア練習曲集第三部》であり、もうひとつは《ロ短調ミサ曲》と言うことができるでしょう。《クラヴィーア練習曲集第三部》は、非常に美しい構成をしています。ここには当時の音楽に関係する、宗教的、哲学的、数理的、修辞論的、神学論的あらゆる要素が反映されています。

二七曲の鍵盤作品からなるこの作品は、長大な前奏曲とフーガが、全体を枠取るように、最初と最後に配置されています。その間に、二一曲のコラール編曲と四つのコラールに基づかない自由作品が挟まれています。コラール編曲の前半は、ルター派教会でも使われたミサ典礼文（通常文）に基づく、キリエとグロリアが合わせて九曲、カテキズムに関連する教会歌の編曲が一二曲です。カテキズムの歌六曲、すなわち「これぞ聖なる十戒」、「我らは皆主なる神を信ず」、「天にいます我らの父よ」、「イエス・キリスト我らの主はヨルダンに来たり」、「深き淵より、我は汝を呼ぶ」、「イエス・キリスト、我らの救い主」、これらはすべてルターの創作、あるいはルターが創作に関わったコラールです。

この作品には、バッハの音楽観、世界観がくっきりと刻印されています。前奏曲とフーガには、三つのテーマが扱われ、神の創造された世界と神ご自身について、音楽が表しています。三つのテーマが父、子、聖霊を表していると考えられています。しかし、バッハはそれに関しては一切言葉で解説していませんし、この曲の解釈に関しては沈黙しています、しかし、この曲を弾く者、細かくその作曲に聴き入り、構成を観察する者は誰しも、この音楽が示す三位一体の神が生きて存在していることを示していることを疑う人はいないでしょう。ミサ通常文は、神の恵みである音楽が人間に与えられ、歴史のなかで信仰者に引き継がれてきたことを表しているということができると思います。事実、これらの曲には、バッハの時代に流行した、あるいはバッハの時代に標準であった作曲法だけでなく、古来のポリフォニー音楽の手法がふんだんに組み込まれています。そして、ルターのカテキズムのための歌が六曲取り上げられたことは、バッハの教会音楽家としての立ち位置を示していると思います。バッハは、音楽が、聖書の解釈や説教とともに、人間を教化（erbauen）するものであること、カントルとして、音楽を通じて宗教教師の役割を果たしているのだということを、示したかったのかもしれません。

四つのデュエットは、いわゆる宗教音楽ではありません。コラールも使われていなければ、タイトルも付いていない、そして軽いダンスのリズムを使った軽い音楽から、半音階や不協和音を使った複雑な技法が含まれる音楽があります。バッハが、教会音楽の枠を集めた作品になぜこのような世俗的な鍵盤曲を混ぜたのか、ということは、謎とされています。しかし、これまでの宗教と音楽めぐるさまざまな論争に対するバッハの音楽による答えではないかと私は思っています。それは、音楽が神の恵みであり、宇宙の創造のときに神の創造されたものである。そして、自分は神に仕える音楽家として、その宇宙の音楽を神の栄光のために紡ぎ出して、実際の音として聞かしめる、それこそが音楽家の役割であると考えていたのではないかと思います。ですから、どのような種類の音楽であれ、それが新式のソナタや、オペラ風の音楽であっても、古来より伝わる聖歌であっても、複雑な作曲技法を駆使した高度な音楽であっても、家庭や学校で歌われる楽しい歌であっても、それらすべてが神に帰されるものであり、それらすべてが総体として、宇宙・世界を構成する神の恵みそのものだと考えていたのではないでしょうか。

宗教改革と音楽について考えるときルターないし権威ある神学者が、音楽に関する教条やドクトリンを提示し、それに従って教会での音楽活動や、音楽家の創作が行われたと考えがちです。少なくともルター派教会においては、神学と音楽はそのような関係にはなかったようです。音楽を通じて、神の創造された世界を、宇宙を思い、神との直接対話のなかで、すなわち日々の祈りと賛美の実践のなかで、人々は神に出会い、神の国、天に満ちる甘き喜びを地上で思い、味わったと言うことができるでしょう。それがルターが中世から継承し、後世に伝えた音楽に関する神学だったのです。

（1） Martin Luther, WA, Tischreden, Bd.1, S. 490.

(2) Martin Luther, *Werke: kritische Gesamtausgabe* [Weimarer Ausgabe=WA], BR 5: 639.

(3) Jochen Arnold, "'Cantio' & 'Contio': Zur Theologie der Kirchenmusik in Michael Praetorius' Syntagma Musicum," in *Singen, Beten, Musizieren: Theologische Grundlagen der Kirchenmusik in Nord- und Mitteldeutschland zwischen Reformation und Pietismus (1530-1750)*, Jochen Arnold et. al. ed., (Göttingen: V&R unipress, 2014), 35-52.

(4) Michael Praetorius, *Syntagma musicum*, vol. 1, Wittenberg, 1615, fol. b^{r}.

(5) Theophil Großgebauer, *Wächterstimme aus dem verwüsteten Zion*, Rostock, 1661, S. 237.

(6) Anonymous [Franke, August Hermann]. *Gründliche Untersuchung/ Was von den so genan[n]ten indifferenten Dingen/ Und insonderheit Von dem heutigen Weltüblichen Tantzen nach Gottes Wort zu halten sey? Rom. XII. v. 1. 2.* [...]. n. p., 1698.

(7) Vockerodt, Gottfried. *De Falsa Mentium Intemperatarum Medicina*, Frankfurt, [1696]. Vgl. Irwin, Joyce L. *Neither Voice nor Heart Alone: German Lutheran Theology of Music in the Age of the Baroque*. (New York: Peter Lang, 1993), p. 118-119.

(8) Vockerodt, Gottfried, *Wiederholtes Zeugnis der Warheit*, Frankfurt, 1698, S. 1.

(9) Johann Arndt, *Das dritte Buch vom wahren Chrinstentumb* [sic], (Frankfurt a. M, 1664), fol. 2^{r}.

Ⅲ　宗教改革と現代

ルターの戦争観と現代

野々瀬浩司

はじめに

本講演の趣旨として、パンフレットに書きましたように、果たして宗教改革は、中世ヨーロッパにおいて支配的であったキリスト教的な戦争観にどのような変化を与えたのでありましょうか、あるいは、宗教改革期の戦争観は、十字軍思想をはじめとした中世の聖戦論や正戦論との間にどのような連続性や相違性をもっていたのでしょうか、という大きな問題提起を掲げました。それは私が以前執筆した論文を、(1) たまたま目にされた主催者の方から、それに基づいて話して欲しいという依頼を受けたことと関係しています。

そのような問いかけでこの論文を執筆しましたが、本来の私の専門は、思想史ではなく、宗教改革運動が農村社会にどのような影響を与えたのかという社会史的な研究でありました。(2) つまり、私の専門の中心は、ドイツ農民戦争という世俗の歴史研究であって、宗教改革の神学については、農民戦争と関わる範囲では深く分析しましたが、それ以外については専門的な研究を行ってきたわけではないことをご了解ください。ある知り合いからは、ルターの戦争観に関する私の論文に対して、「野々瀬さんの文章としては異色の内容だ」というコメントを受けたことがありました。それでは、なぜこの論文を執筆したのかについて説明したいのですが、そこには三つの問題意識があったことを告白します。それを説明することなしには、私は本講演を始めることはできないと考えています。

常々私は、日本人のもつキリスト教観の一面性に問題や疑問を感じていました。つまり、多くの日本人は、キリスト教が、他の宗教に対して非常に排他的で不寛容な立場をとっているため、独善的な聖戦論に基づいて、これまで大量の異教徒を殺害してきたと考えているのではないでしょうか。そのような見方には、部分的な正しさはあるものの、総合的な科学的考察が欠けています。しかも、キリスト教自体が問題なのではなく、キリスト教徒のとってきた行動が問題であるという発想に到達できる日本人は、少ないと感じます。両者を区別する必要性をなかなか理解してくれません。それゆえに、キリスト教世界内では多様な戦争観があったことを、可能な限り客観的に明記して、その事実を認識して欲しいという強烈な問題意識をもつに至りました。

次に、歴史研究者の端くれとしての純粋な学術的問題意識が挙げられます。確かに宗教改革が勃発した一六世紀前半から一七世紀中頃までは、ある意味では宗教戦争の時代とも表現できるほど、キリスト教の諸宗派の間には宗教的差異を原因とした多くの戦争がありました。具体的に挙げれば、スイスの二つのカペル戦争、ドイツにおけるシュマルカルデン戦争、諸侯戦争、ケルン戦争、三〇年戦争、フランスのユグノー戦争、オランダの独立戦争（正式に「八〇年戦争」といわれます）、イギリスのピューリタン革命（最近は「三王国戦争」と呼ばれます）などです。それに対して、一七世紀中頃以降になると、戦争に対する宗教の影響が減少し、戦争の世俗化が進展します。つまり、主権国家が形成され、スペイン継承戦争やオーストリア継承戦争のように、王位継承権をはじめとした領土問題が戦争の主因となります。多くの日本人は、ヨーロッパではいつも宗教戦争が勃発していたと考えていますが、それは大きな間違いです。彼らの歴史は、それほど単純ではありません。いつも欧米人は、宗教戦争ばかりをしていたわけではありません。一六四八年のウェストファリア条約締結以降、スイスのフィルメルゲン戦争という二つの宗教戦争以外には、近代ヨーロッパで宗教戦争はほぼ消滅します。そこで、このような歴史的な事象に対して、ルターの戦争観や宗教改革という運動が果たした役割は、重大ではないかという仮説を設定してみました。

最後に私の個人的な経験に基づく動機について、話さなくてはなりません。現在私は慶應義塾大学文学部で西洋史を教える教員ですが、実は二〇一四年までは、防衛大学校人間文化学科に勤務していました。私がスイスに留学していた頃に、当時の防衛大学校長から、キリスト教の歴史を教えてくれという依頼を受けて、その学校に就職しました。私の大学院時代の指導教授の専門分野がカトリックの教会史なので、その弟子ならば、キリスト教史を教えることは可能だろうという推測に基づいた依頼だったのでしょう。当初は歴史学という浮世離れした学問を続けながら、定職を得て生活できるのならば、幸せだと感じて、職場環境とはあまり関係のない、好きな研究をしていましたが、実際の教育に携わる中で学生や自衛官の悩みをききながら、次第に「私がここでできることは何か」と考えはじめました。自衛官という職業においては、生と死の問題は常に非常に身近なものです。「なぜ人を殺すための訓練をしなくてはいけないのか」と、悩みを打ち明ける学生もいました。そのような訓練は、職業上必要だとは分かっていても、その問題に対して心の整理がなかなかつかないのです。もし、突然戦闘状態に置かれて、自分の生命だけではなく、多くの部下の生命に関わる決断をしなくてはならない状況に陥った場合に、幹部自衛官の下す決断の責任の重さは、民間人のわれわれでは想像できないほどに大きいものです。かなり深刻な問いを発する学生もいました。それに対して、私がこのような価値観をもつべきだという明確な解答を与えることなどはとてもできませんでしたので、それに類似した問題に対して、昔の人がどのように考えたのかについて、史料として客観的な事実を提示することにしたのです。そこで、自分の本来の研究とは別に、過去のキリスト教の思想家たちがどのような戦争観をもっていたのかについて調べ始めました。少人数の授業の際には、アウグスティヌス、トマス・アクィナス、ルター、カルヴァン、エラスムス、トマス・モア、グロティウス、カントなどの戦争観の邦訳を配布して、防大生と議論したこともありました。つまり、過去の事実を提示して、学生個人が自分で何が正しいのかについて考えて欲しいという形にしたのです。そのような長い学生との対話から、あの論文が生まれました。残念ながら、その公刊は、防衛大学校を退職した後のことでした。

さらにこの講演には、言及しなければならないもう一つの課題があります。ルターの戦争観は、現代の日本人にとってどのような意味があるのかという問題です。これは、主催者から依頼を受けたテーマですが、正直申し上げて、これは私の能力を超えた課題です。しかも、現在の国際社会は、いつどこで大規模な戦争が起きてもおかしくないような軍事的な緊張状態にあります。まさにこれはタイムリーな問題かもしれませんが、それゆえに重大なものです。しかも、それに対して軽々しい発言はできません。従って、現代の戦争の問題についてはあまり詳しくは知らないので、あくまでも素人として最後に発言したいと思います。私は、一六世紀の西洋史を研究する歴史家であって、国際政治学者や軍事評論家ではないことに留意して、聴いてください。しかし、歴史家は、独自の視点で現代社会を考察しますので、「参考になる題材を提供できたならば、幸いだ」と思って、お話しします。

前置きが長くなりましたが、本講演の構成を申し上げますと、まず古代や中世の戦争観を軽く概観した上で、ルターを中心とした近世の戦争観について詳しく言及したいと思います。ルターは、七つの戦争と関係して史料を残しましたが、ここでは中世の思想との差異がより明確に表れているもの、つまり異教徒との戦いである対オスマン帝国関係の著作に限定して分析したいと考えます。

第一章　キリスト教的な戦争論の類型

本題に入る前に、最初にキリスト教的な戦争論を、どのように分類できるのかということに関して簡単に言及したいと思います。約二千年も続くキリスト教の歴史の中で、数多くの戦争観が現れました。それをすべて網羅することは大変に困難です。新約聖書の穏やかな内容と旧約聖書の好戦的な記事との間の大きな差異、特に敵への愛や非暴力を説く寛容で柔和なイエスの教えと、古代ユダヤ人による激しい戦争の叙述が認められることは、キリスト教世界内における多様な戦争観を生み出し、それは時代によって大きく変容してきたと考えられます。つまり、「敵を愛し、自分を迫害する者のために祈れ」（マタイによる福音書五章四四節）というイエスの教えと、ヨシュア記で叙述されているエリコの占領のシーンは、あまりにも対照的です。その大きなギャップについては、様々な立場からの多くの説明がなされてきましたが、その中で、私にとって完全に納得できるものはありませんでした。両者の記事の編集者が違うわけですから、無理に辻褄をあわせる必要はないと思います。

キリスト教の歴史の中で存在してきた様々な戦争観を、どのように明確に分類できるのかという重要な問題の解決には、膨大な史料の編集作業とそれに纏わる学説史の整理などの大きな困難が予想されますので、ここでは、仮に山内進氏の分類を紹介するにとどめます。[3] 山内進氏は、欧米の戦争観を、①戦争全面否定論・絶対平和主義、②戦争全面肯定論・絶対的主戦論、③条件付き戦争肯定論という三つのカテゴリーに分けました。戦争全面否定論とは、暴力や武力の行使すべてを否定するもので、例えば原始キリスト教時代の信徒たち、再洗礼派、クエーカーなどにその思想が認められます。今日でもこの系譜の思想は、間違いなく存続しています。次の戦争全面肯定論とは、戦うことそれ自体を賛美するもので、具体的には中世の吟遊詩人や幾つかの騎士文学などに見られます。そして、最後の条件付き戦争肯定論は、本来戦争は回避すべきものだが、「正しい戦争」と「不正な戦争」を区別する必要性を主張する立場に立つものです。その内実は、実に多様です。間違いなくルターの見解は、この条件付き戦争肯定論に属します。しかも山内進氏によれば、さらに「正しい戦争」は、①神との関係で正当化される聖戦、②ヨーロッパ的な観念としての正戦、③国際法的に合法と認められた合法戦争という三つのカテゴリーに分けられるべきだというのです。特にこの分類で注意すべき事項としては、「正しい戦争」(righteous war, good war) と「正戦」(just war) を区別し、前者がより一般的・感性的な概念であるのに対して、後者は西洋に固有な神学的あるいは法学的概念であるという前提に立っている点が挙げられます。それでは、古代から一六世紀までの間に登場した代表的な戦争観について簡単に説明したいと思います。

第二章　ルター以前の戦争観概観

第一節　古代の戦争観

1　原始キリスト教社会とその後

古代キリスト教の戦争観は、四世紀初頭を境にして大きく変貌したといわれています。原始キリスト教社会や初代教会の時代には、戦争に対する明確な見解をもつ必要性が信徒たちには基本的に乏しかったと言えます。ローマ帝国内では少数派であった時代のキリスト教徒は、政治や軍事の問題に深く関与することなく生活することが可能でした。基本的に彼らは、敵をも愛する普遍的で平等な愛を尊重し、暴力を嫌い、殺人を否定し、全体として戦争への参加に対してはあまり積極的ではありませんでした。当時多くの信徒は、イエスの生き方を模倣して、悪に対して暴力を用いて戦うよりも、善のために殉教することこそ理想的な在り方だと考えていました。ただし、聖書の中には、兵士という職業に好意的な記述が幾つか見られます。例えば、イエスや洗礼者ヨハネやペテロの信奉者の中に軍人（百人隊長や兵士）の存在が確認できます（ルカによる福音書三章一四節、七章一―一〇節、使徒言行録一〇章一―四八節）。しかしながら、初代教会の時代に信徒の中で軍務につく者は、比較的少数であり、兵役を忌避する者やそのために殉教した者に関する史料も残されています。軍事的な行為に対して、教会がそのように消極的な（少なくとも曖昧な）態度をとった背景としては、様々な要因が想定されていますが、基本的にはローマ帝国自体がキリスト教徒を迫害する存在であったことが大きく影響していました。しかも、キリスト教徒にとってローマ軍は、あくまでも異教的な宗教性を帯びた軍事組織であり、その軍旗は崇拝の対象とされる可能性が高く、軍隊生活の中でローマの神々への生け贄や礼拝を強いられて、軍務につくことには、偶像崇拝の危険性があったのです。教父に代表される初期の宗教的指導者たちの中には、例えばタティアノス、テルトゥリアヌス、オリゲネス、ラクタンティウス、ヒッポリュトスなどのように、キリスト教徒が軍務に携わることに反対ないしは消極的な態度をとった者が存在しました[4]。

しかし、コンスタンティヌス大帝時代のミラノ勅令によるキリスト教の公認（三一三年）以来、そのような立場は大きく転換し、キリスト教徒が支配体制内の宗教を信じる者として、平和を維持するための軍事的な役割を担う必要性が生じてしまいました。例えば、三一四年のアルル教会会議の第三条で、平和時に武器を投げ捨てて脱走した兵隊の破門が議決されたことに見られるように、ここに国家権力と結びつき始めたキリスト教の世俗化と軍事化が進行したのです。また、四一六年に東ローマ皇帝テオドシウス二世（在位四〇八—四五〇年）は、非キリスト教徒を軍隊から閉め出してしまったのです。権力によってキリスト教が公認されたこと自体は、教会の繁栄や信徒数の増加という点ではプラスに作用しましたが、現実社会の中で教会は、複雑で難しい問題に直面せざるをえなくなったのです。

2　アウグスティヌス（三五四—四三〇年）

そのような状況の中で、ミラノ司教アンブロシウスがはじめて正戦を明確に承認し、その影響を受けたヒッポ司教アウグスティヌスが、キリスト教会に正戦論を定着させたという見解が多くの研究者に支持されています。古代末のキリスト教最大の教父であるアウグスティヌスの戦争論は、体系的な教義として論じられたものではなく、実際の歴史的状況の中で必要に迫られて生み出されたものです。具体的にそれは、『自由意志論』や『神の国』などの複数の史料の中に部分的に表れています。専門家によれば、基本的にアウグスティヌスの戦争観は、好戦的なものではなく、平和を希求し、愛を要求するより内面的なものと考えられ、戦争に対する強い拒否的な姿勢を前提にしてその議論が展開されています。[5] つまりアウグスティヌスは、キリスト教徒の兵士が、常に平和の獲得という目的のために存在すると見ていました。彼が生きた時代には、西ゴートやヴァンダルなどのゲルマン人の侵入、ドナティストによる騒乱、西ローマ帝国の瓦解などによって、教会や国家の防衛の重要性が増していました。それに加えて、アウグスティヌスは、戦争を命じる旧約聖書の神を批判したマニ教徒ファウストゥスに対して、強く反論する必要性に迫られていたのです。そのような状況下で、アウグスティヌスは、戦争は人間の過ちゆえに必要なものと見なし、公的な次元での正当な殺人や武力行使を容認し、兵士に対して罪のない人を守るために戦う義務を唱えました。つまり、原罪の結果、平和な状態が崩れて不和や紛争が発生し、それを可能な限り抑制するための論拠が求められたのです。アウグスティヌスは、人間社会における秩序を維持するためには、世俗国家は利己的な本性をもつ人間にとって必要不可欠なものであるという前提の上に、地上の善は低次なものとしながらも、条件付きで戦争を肯定しました。アウグスティヌスにとっては、軍隊の原動力は愛徳であり、正しい戦争で敵を殺す兵士と死刑判決を執行する刑吏は、決して殺人者ではないというのです。ただし、戦争によってもたらされる悲惨について深く認識していたアウグスティヌスは、平和こそが戦争の目的であるとして、平和を保障する正当な目的がある時のみ、戦争の正当性を認めました。

研究者によれば、アウグスティヌスが戦争を肯定する際には、三つの特徴が存在するというのです。(6) つまり①神自身が命じている場合、②神が命じていなくても合法的な権威によって、正当な理由があって、正しい意図と正しい愛がある場合、③しかし、合法的な権威と正当な理由だけでは一時的な正しさにすぎないという三つの基本的立場が認められるというのです。しかも、アウグスティヌスは、過去にあったローマ帝国による侵略戦争に対しては反対し、名誉欲や虚栄心による戦争を否定しました。そしてアウグスティヌスは、正しい戦争を行う主体は、あくまでも世俗国家の支配者であると考えました。このようなアウグスティヌスの考えが、セビリアのイシドルス、グラティアヌスの『教令集』、トマス・アクィナスなどをはじめとして、戦争に対する中世のキリスト教会の姿勢に大きな痕跡を残しました。さらにその遺産は、ルターやカルヴァンなどの宗教改革の主要な指導者にも引き継がれ、現代にも及んでいます。一六世紀の歴史研究に携わっている者の立場からコメントさせていただければ、キリスト教のよい部分も悪い部分も、多くの場合にアウグスティヌスに由来しているという印象を受けます。例えば、戦争や国家権力の問題だけではなく、アウグスティヌスは奴隷制も肯定しています。しかし、政治秩序が崩壊しつつある深刻な状況の中で、アウグスティヌスが多くの著作を残したことは考慮しなくてはなりません。

第二節　中世の戦争観

1　十字軍とレコンキスタ

中世ヨーロッパには、キリスト教徒同士の戦争だけではなく、十字軍やレコンキスタに見られるように、異教徒との戦闘が行われました。それ以前の正戦論とは異なり、十字軍には、世俗権力の主導ではなく神の代理人である教皇によって提唱された点で、イスラム教徒に対して遂行された聖戦としての色彩が強かったのです。十字軍思想には、共存ではなく、排除や浄化の思想が認められ、山内進氏によれば、その根源にはキリスト教の純化を求めたグレゴリウス改革が存在するというのです。[7] 近世史を研究する者から見れば、中世の十字軍には過度なまでに宗教的な要素が多く認められると感じます。ご存じのように、一〇九五年のクレルモン教会会議で教皇ウルバヌス二世（在位一〇八八―一〇九九年）の演説によって、「クレルモンの神秘」と呼ばれる民衆の集団的熱狂状態が生み出されました。ここでウルバヌス二世は、「聖戦」(praelia sancta) という言葉を使用したといわれています。ウルバヌス二世は東方でのキリスト教徒の苦しみを強調し、異教徒による聖地エルサレム占領とキリスト教徒への迫害を嘆き、その聖地が汚染されているという認識に立って、聖地の解放は神のための正義の戦いとして神の業と見なし、それへの参与は罪の赦免をもたらし、これによって罪の償いは免除されると力説しました。

十字軍という巨大な運動の思想的背景を総括することは、容易なことではありません。確かに多くの人々を十字軍へと駆りたてた原動力は、信仰、意識、感情、先入観、精神志向などの複合物であり、それは宗教だけではなく社会の中で根づいていたものでもありました。しかしながら、ウルバヌス二世の訴えの中で最も影響力を及ぼした要素は、贖宥として戦争への参加を呼びかけたことにありました。つまり、戦争に参加すれば、罪が浄化されるというのです。その背後には、武装した巡礼やキリストの戦士による対異教徒戦争という思想の形成が関係し、十字軍遠征での戦死は、殉教あるいは天国に入るための確実な保証と見なされていました。

2 トマス・アクィナス（一二二四—一二七四年）

中世の戦争観を議論する際には、トマス・アクィナスの思想についても簡単に言及する必要があります。十字軍時代の後半に活躍した、最大のスコラ哲学者であるトマス・アクィナスは、アリストテレスの哲学とキリスト教を融合させ、中世キリスト教思想を体系化させた人物として位置づけられますが、彼の戦争論も後世に重大な影響を及ぼしました。『神学大全』第IIのII部第四〇題でトマスは、戦争について記述し、不正な戦争と正戦を区別し、正戦であるための三つの条件を提示しました。[8] まずトマスは、戦争を引き起こすことは、私人に属する仕事ではないという理由から、開戦には君主の権威（auctoritas principis）が不可欠だと考えました。これは、戦争に纏わる諸問題が、共通善を維持するという課題を担っている国家に関わる公的領域に属していることを意味しています。このテクストからは、中世社会で頻繁に行われた、私闘のようなフェーデという軍事紛争に対する批判的態度が垣間見られます。次に彼は、正戦には正当な原因（causa justa）が必要であり、正戦とは不正を罰するものでなければならず、攻撃相手に罪がある場合に容認されうると考えました。最後にトマスは、戦争に参加する人に、善の助長や悪の回避などの正当な意図（intentio recta）がなくてはならないと主張しました。つまり、正戦を行っている人々は平和を意図するというのです。トマスによって明快に語られた、この三つの条件の提示は、キリスト教世界では暗黙の共通認識のような形で広まった可能性があります。

基本的にトマスは、戦争における宗教的な理由を前面には出さず、聖職者には交戦権を認めませんでした。なぜなら、聖職者の本来の仕事は、神を賛美して人々のために祈ることであって、殺人や流血はそれに相応しくないからです。聖職者が直接手に武器を取って戦闘することは許されず、彼らは正戦を行っている者を、奨励や赦しによって援助する「霊的戦争」のみに関わることができるとされました。このようなトマスの戦争観は、近代初期にスペインによるインディオに対する征服戦争が問題になると、ラス・カサスやサラマンカ学派の戦争論にその痕跡を認めることができます。[9]

第三章　一六世紀における平和主義的な戦争観

一六世紀の戦争観について考察する前に、まず近世とはどのような時代なのかについてごく簡単にお話しします。中世末からローマ教皇の権威が衰退し、宗教改革によって聖書解釈が俗人にも容認されると、様々な聖書解釈が可能になり、戦争観に大きな変化が生じました。例えば、公権力に認められた宗教改革者であるルター、ツヴィングリ、カルヴァンは、条件付きで正しい戦争を認めました。カルヴァンの戦争観については、時間の関係で言及することはできませんが、[10]ただ一言述べさせていただければ、戦争観に関してルターとカルヴァンは、非常に近い立場に立っているという印象を受けます。またカルヴァン派の戦争観を、聖戦論や十字軍思想に近いものとする研究者がいますが、それに関して私は評価することができないので、それ以上のコメントは差しひかえます。中世から近代へと移行するにつれて、宗教改革によって思想上聖俗の分離が進展し、主権国家が形成され、戦争の世俗化が進みます。さらには深刻な宗教戦争の体験から、一七世紀には国際法が発展し、戦争の際の暴力行為に対する制限と規制が求められました。それと並行して、徐々に「聖戦」が衰退し、十字軍的な思想が消滅していきました。ルターの戦争観について考察する前に、一六世紀前半に生まれた戦争観の中から、ルターのものとは、性質が大幅に異なった、平和主義的な二つの思想を紹介したいと思います。それは、スイス再洗礼派とエラスムスの戦争観です。彼らの思想も、近世という社会が生んだ重要なものです。

第一節　スイス再洗礼派

宗教改革急進派の一つである再洗礼派（Wiedertäufer, Anabaptist）とは、一般に幼児洗礼を否定し、成人後に信仰に依拠して自発的な意志から受けた洗礼を有効と考える人々を指し示しますが、それは非常に多義的な概念であり、その中に様々な系列のグループが存在しました。しかもそれは、権力者側が命名した急進的な分派の総体を意味し、個々の教義は地域や系列によって多様でした。しばしば彼らは、自らを「洗礼派」（Täufer）と呼んでいました。一五二五年に成立したスイス再洗礼派は、その中でも最古の集団ですが、世俗から分離し、小さな信仰共同体を形成し、純粋な信仰と愛の実践を追求し、国家権力への奉仕、つまり軍人や官吏などの仕事に従事することを嫌悪しました。その末裔として、主に北米に居住しているアーミッシュやメノナイトなどがいます。スイス再洗礼派は概して聖書を厳格に守り、宗教改革に特徴的な信仰義認の神学よりも、中世以来のキリストの模倣を強調し、誓約と軍役を嫌い、制度教会から分離して、選ばれた者たちによる独自の教会を建設しようとしました。

スイス再洗礼派が残した史料の中では、ミヒャエル・ザトラー著『シュライトハイム信仰告白』が有名ですが、そこでは聖書の字義通りの解釈が行われ、すべての暴力が完全に否定され、極めて平和主義的な立場が主張されています。その史料では、以下のように記されています。「剣は神の定めであるが、それはキリストの完全とは異質のものである。それは悪しき者を処罰し・殺し、また善人を保護し・守るためである。律法においては、剣は悪しき者の処罰と処刑のために定められているが、その使用は世俗の支配者に委ねられるべきである。しかしながら、キリストの完全の内側においては、放逐のみが訓戒と除外のために用いられる。……世俗の人間は刺と鉄（の刃）を紋章とするが、キリスト者の紋章は神の甲冑、真理、義、平和、信仰、救い、そして神の言葉である」[11]と。確かにここでは世俗の支配者による処罰権や剣の使用は承認されていますが、彼らによれば、キリスト者の国籍は天にあるので、キリスト者は霊的な武具以外は身につけてはならないというのです。

このような理想主義的な思想を掲げることは、人里から離れてひっそりと暮らす生活を行っていたから可能であったと思われます。なおスイス再洗礼派の兵役義務の拒否の思想は、スイス国内で迫害を受ける原因の一つとなり、彼らの多くは、アメリカ大陸などに亡命していきました。このような再洗礼派に対する厳しい迫害の歴史は、プロテスタントだけではなくカトリック教会を含めた長い教会史の中に、重く暗い影を残しています。

第二節　エラスムス（一四六六―一五三六年）

北方ルネサンスを代表するオランダ出身の人文主義者であるエラスムスの思想も、戦争観の歴史の中では重要な意味をもっています。エラスムスの主張には、机上の空論に近い理想主義的な思想が展開されていますが、人間の中に内在する愚かな側面に対する彼の鋭い洞察には、真理の本質が含まれています。

エラスムスは、彼の著書『平和の訴え』の中で次のように述べています。つまりエラスムスは、「旧約聖書にせよ新約聖書にせよ、聖典全体が語っていることは、ただひとえに平和と一致協力のことだけです」[12]と述べて、戦争全面否定論を展開しました。そして彼は、以下のように主張しました。「キリストの全生涯をつらつらと考えてごらんなさいな。それは和合と相愛を教えることに捧げられた一生と呼ぶ以外に何か言い方がありましょうか?主の掟も、比喩も、人間相互の平和と愛以外に、いったい、何を教えているのでしょうか?……異教徒の詩人シーリウスさえ私のことをこう歌っているのですものね。平和こそが自然が人間に授けた最良のもの」[13]と。このようにエラスムスは述べて、戦争は非人間的で野獣的だと断言しています。ここでエラスムスは、キリストの教えと生涯は「人間相互の平和と愛」であったことを指摘して、理性・善意・人間性の最終的勝利への確信や公共の利益の尊重に依拠して、徹底した和合を呼びかけます。さらにエラスムスは、戦争の残酷さを強調し、兵士にとっての凄惨な状況、銃後の人々に対する物質的・肉体的・精神的犠牲、国家の財政破綻、道徳的法的荒廃、学芸の衰退、戦争の拡大・連鎖などの数々の矛盾点を指摘します。基本的にエラスムスは、中世からの正戦という考え方に反対し、「これほど正しいものはないと思える理由も的外れ、ということが珍しくない」[14]と述べて、正義の観念の相対性を主張しました。結局エラスムスは、「およそいかなる平和も、たとえそれがどんなに正しくないものであろうと、最も正しいとされる戦争よりは良いものなのです」[15]と考えていました。彼の辛辣な指摘は、痛烈な社会批判の精神を含んでいました。

このような崇高な思想を主張することは、書斎に籠もって学問に専心したコスモポリタンであったから、可能であったと思われます。実際に教会の運営に携わり、現実の世俗的な諸問題と対峙していたルターやカルヴァンとは、立場がかなり異なります。エラスムスは、この世界をすべての人間に共通の祖国と考えていました。なおエラスムスは絶対平和主義者ではなく、オスマン帝国に対する防衛戦争までは否定していないと解釈する研究者がいることは指摘しておきます。また、エラスムスと再洗礼派が、一六世紀に農奴制廃止を唱えた数少ない貴重な存在であったことは、看過できない事実です。(16)

第四章　マルティン・ルター（一四八三—一五四六年）の戦争観

いよいよ最後に本題に入って、ドイツの宗教改革者ルターの戦争観について考察したいと思います。ルターがローマ教皇を反キリストと断定し、宗教改革運動において主導的な役割を果たしたことは間違いありませんが、戦争観においても当時のカトリック教会と対立し、結果として宗教と政治の思想上の分離を提唱しました。上述のように、ルターは、ドイツ農民戦争などの七つの戦争と関わりましたが、一五二九年に起きたオスマン帝国のウィーン包囲を契機にして、ルターは幾つかの重要な著作を残しています。当時の時代状況を簡単に述べれば、オスマン帝国は、一五二六年にハンガリー王ラヨシュ二世（在位一五一六—一五二六）をモハーチの戦いで破り戦死させ、ブダまで進軍し、ハンガリー中・南部を支配下に置きました。その後オスマン帝国のスレイマン大帝は、ハンガリー領有をめぐるハプスブルク家との争いを口実に、一五二九年五月に大軍を率いて西進しました。ついにオスマン帝国軍は、ウィーンを包囲しましたが、結局その町を陥落させることはできずに一五二九年一〇月中旬に撤退したのです。このウィーン包囲の時に、活版印刷術の普及によって大量に生産された木版画付きのビラは、「トルコ人の脅威」を宣伝して、民衆を煽り、恐怖心・不安感・敵意などを植えつけました。これは、ある意味では二つの巨大な文明の衝突です。イスラム世界とキリスト教世界との間の力関係は、今日とは大幅に異なっていました。両者の立場が逆転するのは、カール五世の息子であるフェリペ二世の時代に、スペイン中心のキリスト教諸国の同盟軍が一五七一年のレパントの海戦で勝利した後のことです。

深刻な罪との精神的な格闘を経験したルターが、ご存じのように、一五一七年一〇月末に『九五箇条の提題』で贖宥状の効力を疑問視したことは有名ですが、その後、それと結びついていた中世ヨーロッパで支配的であった戦争観を完全に否定したことも重要です。上述のように、十字軍という思想は、しばしば贖宥と結びついていたのです。ただ信仰によってのみ救われると考えていたルターは、異教徒との戦争に参加して罪が贖われるという思想には断固反対したのです。深い鋭敏な罪認識に悩んだルターにとって、安易な形で罪が贖われるという思想は、到底容認できるものではなかったのです。贖宥状では、金銭上の問題が中心になりますが、十字軍思想は、それに加えて人の生命の問題も関わりますので、今日の価値観で判断すれば、より重い罪を含んでいると思われます。このようなルターの主張は、十字軍の否定であり、十字軍と贖宥との関係の完全な断絶を意味します。ルターにとって、武力を用いて戦うことは世俗の君主や皇帝の仕事であって、神の代理人であるローマ教皇や聖職者が戦争を主導してはならないというのです。つまりルターは、戦争観においても聖俗の分離を革命的に推進しました。十字軍の提唱は、聖職者たちによる世俗の問題に関する越権行為に他ならず、霊的統治と現世的統治を分けるルターの二王国論とは根本的に矛盾するような暴挙に等しかったのです。

ここで、ルターの二王国論について簡単に説明したいと思います。ルターは、神の国と世俗の国を明確に分け、最後の審判まで両者とも存続すべきものと考えました。神の国は信仰に関わる霊的な国であり、キリストのもとで聖霊によってキリスト者を創出する国ですが、世俗の国は、悪人を抑制して外的平和や秩序を保つ国です。神の国は不可視な信仰共同体であり、そこでは信仰、福音、神の恩寵が支配し、その国には真のキリスト者のみが服属します。それに対して世俗の国では理性、業、自然法が支配し、そこにすべての人間が属します。ルターは、この世には真のキリスト者は極めて少数しか存在しないので、世俗の権力によって、外的に不正や犯罪を取り締まる必要性を優先的に見ていたのです。簡単に表現すれば、世俗権力がなければ、人間は悪いことばかりをすると考えられていました。その背後には、人間の側からの生得的な善への傾向を否定し、自己の努力では善を全うすることはできないという人間の不完全性を前提とする、ルターの信仰的な立場が存在していました。また、キリストは剣を帯びず、その御国に剣をもち込まなかったので、霊的統治において剣は役に立たないのです。世俗の権力は外的なもののみに関わり、神の国とその統治を侵してはならず、霊の問題に介入したり、強制的に信仰を命令したりすることは、君主には認められないのです。そして、ルターは二つの王国を結合させて、単一の世俗的精神的な形成物を作ることを拒否しました。この二王国論に依拠してルターは、実際の戦争にキリストの名を用いることに対しては、極度に否定的な立場をとりました。ルターは、聖職者の役割を信仰上の敵である悪魔との霊的な戦いにとどめ、聖職者の主要な武器を専ら祈禱書や聖書に限定したのです。聖書に書かれていないものを、人間的な付加として切り捨てるというプロテスタンティズムの基本精神は、中世の伝統的な戦争観にも根本的な変容をもたらしたのです。

それにもかかわらずルターはすべての戦争を否定して、絶対平和主義を主張したわけではありませんでした。一五二九年にオスマン帝国が大軍を率いて、ウィーンの町を包囲した時に、ルターは終末を意識して、武力を用いてトルコ軍と戦うことを訴えました。しかし、ルターの主張は、誰もが自由に戦争に参加すべきという議論には結びつきませんでした。対トルコ戦争の中心的な担い手は、二種類の人物しかいないというのです。以下のように、ルターは述べています。「次に、トルコ人に対して戦うべき人は、それが誰であろうとも、神から命令を受け、そのための正義を行い、自らの復讐のために落ち込んだり、あるいはその他に狂った考えや理由をもったりしてはいけないことを確信していることを知らなければならない。それは、その人が、たとえ敵を打ち負かしても、あるいは負かされても、救われた状態や神聖なる職務の中にいるためである。そのような人は二人であり、しかも二人のみであらねばならない。すなわち、その一人はクリスティアヌスと呼ばれ、他の一人は皇帝カールである。クリスティアヌスがその軍隊と共にいる最初の者でなくてはならないのである」[17]と。この史料では、クリスティアヌスと皇帝カール五世の二人の人物が挙げられていますので、それぞれの役割について説明します。

まずクリスティアヌスとは、正しい心構えをもった真のキリスト教徒を意味し、福音主義的な信仰に立つ人を指しています。つまり、簡単に言い換えれば、クリスティアヌスとは、ルターの教えに従った真正なキリスト者です。ルターは、クリスティアヌスはトルコ人に対して信仰における霊的な戦いを行わなければならないと主張しました。ルターによれば、トルコ人が信じている神は、キリスト教の神とは異なったもの、つまり悪魔であったので、このような霊的な敵に対しては、霊的な武器をもって戦わなければならないというのです。霊的な戦いにおいてクリスティアヌスに求められるのは、まず悔い改めと神との和解であり、そして自らの本性の改善です。それによって神の怒りをかわし、それに相応しい説教がなされなければならないのです。ルターは、イスラム教の誤謬が教皇制の中にその対応物をもっているのであり、両者は同一の反キリストの次元に位置すると見ていました。このようなルターのイスラム教理解やトルコ人観には、現代の視点から見れば、多くの問題が含まれていますが、ルターの時代のドイツにはまだ十分な情報がもたらされてはいなかったことを考慮すべきでしょう。

そのような精神的な戦いとは違って、ルターは、実際にトルコ人と軍事的戦闘を行うべき存在は、世俗権力の頂点に君臨する皇帝カール五世であると考えていました。ハプスブルク家出身のカール五世は、各地に広大な所領をもつ最高の権力者であり、神聖ローマ皇帝としてカトリック教会を保護する立場から、ルターにとっては最大の敵対者でした。つまり、カール五世は、ルターの宗教改革運動を弾圧しようとする勢力の中では、最も強大で最も恐ろしい人物だったのです。それにもかかわらず、この時ルターは、皇帝に協力して、ドイツ人は、侵略してくる外敵に対して防衛戦争を行うべきだと主張したのです。なぜなら、君主は、神の委託において現世を統治すべきであり、軍隊を用いた実際の戦いは、専ら世俗的な公権力の仕事であるからだというのです。皇帝は、世俗の保護官職に相応しくトルコ人と戦うべきであり、そしてその際に彼の臣下は、良心の義務としてカール五世に従順に従う義務をもっているのです。ルターの考えによれば、トルコ人との戦争は、皇帝の名においてその権限と主導権のもとで遂行されることと、国土とその人民を守ることという二つの条件でのみ認められています。つまり、ルターによって神の名のもとでの宗教戦争は完全に否定されましたが、皇帝の名のもとでの防衛戦争は容認されたのです。

ルターは、以下のように自己の戦争観について述べます。「トルコ人に対して戦うことに相応しいもう一人の人は、（あるいはまさに誰が皇帝であろうと）皇帝カールである。なぜなら、トルコ人が彼の臣民と帝国とを攻撃するからである。彼は、神によって定められた正式な公権力として、自身に属するものを守る責任があるのである。……これから私たちは皇帝に関して話題にしたい。そして第一に、トルコ人に対して戦争をしようとする場合、皇帝の命令のもとに、彼の旗のもとに、そして、彼の名のもとにそのことをすべきである。なぜなら、その時に各人は、自らが確かに神の秩序への服従の中で歩んでいるという自身の良心を確信することができるからである。それは、皇帝が私たちの本当の支配者であり、首長であることを私たちは知っているからである。そのような場合に、皇帝に服従する者は、神にも服従する者であるが、しかし皇帝に不服従である者は、神に対しても不服従な者である」[18]と。さらにルターによれば、教会は、ただ皇帝や諸侯にその世俗的な保護機能を喚起すべきだというのです。トルコとの戦争は、人々を保護するための防衛戦争の場合のみに認められるのであり、他国を侵略し、領土を拡大するための世俗的な欲望を原因とする戦争は否認されています。つまり、彼は防衛戦争以外の略奪戦争（Raubkrieg）、復讐戦争、予防戦争（Präventivkrieg）などを原理的に批判し、厳しい言葉で非難しました。

ルターは、『軍人もまた救われるのか』という有名な著作を残しています。この史料は、戦場で多くの人を殺した貴族の心の悩みに返答する形で書かれたものです。ここでルターは、基本的に軍人という職務を肯定しました。ルターは、軍人の身分や職務は、正しく神に認められたものとしたのです。しかし、ルターは軍務に従事する人に対して内面的な公正さを要求しました。この史料には、国家権力が設定されたのは、悪人の処罰、信仰者の保護、平和の維持、世俗的な義の保持のためであると明記されています。またルターは、次のような論理で戦闘中の殺害行為を肯定しました。「軍職において、人は、それが虐殺し、焼き払い、攻め、捕らえたりなどする点を見てはならない。なぜなら、その点を見るのは、狭い、素朴な子供の目であって、その目は、医者が手を切り落とし、足を引き落としたりする点だけを見て、全身を救うことが問題であることを見ないか、またはそれに気づかないからである。だから、軍職または剣の職についても、なぜそれが虐殺したり恐ろしいことを行ったりするかを、大人の目で見なければならない。そうすれば、それがそれ自身で神的な職務であり、飲食あるいはその他の行いと同じように、この世に必要な有用なものであることが、おのずから明らかになるであろう(19)」と。つまり、正しい戦争とは、不正や悪を罰し、平和と従順を得るためのものであり、より大きな不幸を防ぐための小さな不幸だというのです。そして、軍人は婦人や子供、家や敷地、財産・名誉・平和を守るという目的のために、戦うのです。ルターによれば、手術をする医者の行為も、戦場における軍人の行為も、子供の目では残酷で非キリスト教的に見えるが、しかしながら大人の目で見れば正しい行為とされました。ルターにとって戦争は、平和を脅かす否定的な愚行であるだけでなく、平和を獲得するための闘争という意味をもっていたのです。確かにルターは、戦闘中の虐殺行為を、広い意味での愛の行いや神のわざとして肯定しましたが、しかし、その際に彼は、軍務に従事する人に内面的な公正さや良心への忠実さを要求しました。それにもかかわらず、愛の業として戦闘時の殺害行為を肯定する彼の論調は、大きな誤解を招きかねません。ルターは、自己の社会的影響力を考えて、この問題に関してもう少し慎重に発言して欲しかったと感じます。

また、ルターは『軍人もまた救われるのか』の中で戦争を三つのケースに分けました。つまり彼は、①同等な者同士の争い、②上位の者が下位の者に対して行う戦い、③下位の者が上位の者に対して実行する反抗という三種類に分け、特に君主の権威に敵対的な第三番目のものを否定しました。ルターは、戦争などの暴力行為は国家にのみ許された権利であると考えていましたので、反乱や暴動が続くような終わりのない驚愕よりも、平和を獲得するための戦闘行為をともなう秩序の回復の方が、正しいと見ていたのです。この論理によって、ドイツ農民戦争のような農民反乱は、農民が福音を誤解し、肉的に解釈した間違いだとされました。ここにプロテスタンティズムが残した最大の暗い影の歴史の一つがあることは間違いありませんが、この問題についてさらに議論することは、論点がずれてしまいますので、ここでは差しひかえたいと思います。

このようにルターが戦争の世俗化のための明確な理論を提供したにもかかわらず、三〇年戦争やピューリタン革命が終わるまで、以後約百年以上もの間、ヨーロッパでは宗教戦争が多発する事態となりました。その要因は、ルターの戦争観の中にも部分的に隠されています。つまりルターは、オスマン帝国との戦争の背後に神の意志を見ていることなどにおいて、完全に戦争を世俗化したわけではなく、宗教的な色彩を強く残した戦争論を展開しました。特に彼は、切迫した終末論的な世界観に依拠して、現実世界に悪徳が蔓延している状況を嘆いて、「トルコ人の脅威」を、不正を罰するためにもたらされた神の笞や怒りの杖であると見なしていたのです。従ってルターは、オスマン帝国との戦いに勝利するめには、軍事的な戦略や戦力、あるいはそれを支える経済力などの世俗的視点だけではなく、祈禱と悔い改めによる霊的な内面的戦いの中での罪の克服という信仰の問題をも重視しました。

おわりに

これまで議論してきたことについて、最後に整理したいと思います。

第一にルターの戦争観には、中世の聖戦を否定するような近代的な側面と、宗教的な色彩を強く帯びた中世の思想との連続面が含まれています。まさにこれは、時代の転換点に生まれた革命的な戦争観といえます。まず中世との非連続面としては、ルターが戦争の世俗化に繋がるような議論を展開したことが挙げられます。つまり、教会と関わる霊的統治と国家による世俗的統治という二王国の役割を明確化することによって、中世で流布していた聖戦論や十字軍思想の否定をもたらし、戦争の世俗化が進展するための理論上の重要な契機を生み出しました。さらにルターは、戦争の直接的な根拠は聖書ではなく、世俗の法律、つまり自然法とし、戦争の目的を国土や人民の防衛に限定しました。聖書は、戦争の論拠としては無関係とされたのです。それによってルターは、贖宥と戦争への参加の結びつきを思想的に切り離しました。ルターは、戦場で異教徒を殺せば、罪が贖われるという思想を根底から破壊したのです。このようなルターの戦争観は、聖職者の役割を内面に関わる霊的な問題に限定することによって、教会の経済的収入源や軍事的影響力を大幅に奪うための思想的根拠を提供しました。結果としてそれは、当時成長しつつあった領邦国家の権限の増大に寄与したことは間違いありません。ここに、近代的な主権国家が形成されるための思想的基盤の一つがもたらされたといってもよいでしょう。そして、一五三〇年に作成されたルター派の『アウクスブルク信仰告白』の第一六条でも、正戦が肯定され、平和主義的な再洗礼派との差異が明記されています。

それにもかかわらず、ルターの戦争観には中世の思想との間に幾つかの連続面が認められます。例えばトマス・アクィナスやアウグスティヌスの見解とは、幾つかの点で類似しています。特にトマスの提示した正戦の三つの条件、つまり①君主の権威、②正当な原因・理由、③正しい意図という条件と重なる部分が多いのです。中世のスコラ哲学に対して全般的に拒否的な姿勢を示していたルターの社会教説が、トマスのものとは基本的に異なった方向性を目指したものであったことは間違いないのですが、結果として両者の戦争観が似てしまっていることは、いろいろと考えさせられます。ここに戦争論に関する限りおいて、トレルチの類型に基づいて、世俗権力と結びついた教会型（Kirchentypus）の社会教説には、ほぼ共通した類似の志向性が認められるのかどうかという問題が浮上します。さらに、ルターの戦争観には、宗教的要素が根強く残存し、その世俗化は完全なものではありませんでした。例えば、ルターは、戦争の元凶を悪魔としました。しかもルターは、トルコとの戦争を十字軍に代わる終末的な最終戦争として位置づけ、それに勝利するためには、悔い改めが必要だと説いたのです。現代的な感覚では、戦争の結果に最も関わるものとしては、自分や相手の戦力分析、それに応じた十分な戦略や戦術、各国の動向の把握などが重要であると考えますが、罪の悔い改めという内面的な問題が戦争の勝利に影響すると考えたルターの立場には、中世の伝統的な古い意識の残滓が感じられます。

第二にこれまで見てきたように、キリスト教の歴史の中で多様な戦争観が展開されてきました。ルターの戦争観も、その多様性の中の一つにすぎないのですが、アウグスティヌスやトマスと並んで、ある種のスタンダードな立場の形成に寄与していることは間違いありません。従って、キリスト教の戦争観を極端に一般化することは、多くの危険をはらんでいます。それぞれの時代や社会的背景に即した戦争の理解が存在したのです。戦争論は、具体的な事件や国家観・社会思想と深く結合して形成されてきました。十字軍は、むしろ特異な思想であって、キリスト教全体の中では典型的なものではありません。特に、十字軍思想の否定は、今日のカトリック教会やプロテスタント教会にとってほぼ一般的な見解であって、十字軍を代表的なキリスト教の戦争観と見る立場は、かなり偏っていると思います。決してキリスト教の戦争観は、そのような一面的なものではありません。戦争観の歴史とその変遷は、聖書に照らして、現実の問題と格闘したキリスト教徒の内面的な苦悩の歴史です。キリスト教の中の代表的な思想家の大半が、どのようにすれば戦争を抑制できるのかについて日本人以上に真剣に考えてきたという事実に、もう少し注目すべきだと思います。

第三にここで提示してきた過去の思想は、有形無形に現代の欧米社会に影響を与えていると感じます。それは、単なる歴史的遺物ではありません。これらの思想は、教養や社会的通念のような形で、欧米人の精神的基底に流れています。具体的にアウグスティヌスやルターの名前を知らない場合でも、欧米人の発言には、過去の偉大な思想家の焼き直しのようなものが見られます。今でもルターやトマスの思想は、生きているのです。過去を学ぶことは決して現代に背を向けることではなく、現代をより正確に理解するために必要な行為です。かつてブッシュ大統領がイラクを攻撃する際に「これは十字軍だ」と発言したことは、重大な問題です。彼は、十字軍において戦争と贖宥が結びついていたことを正しく把握していたのでしょうか。今の時代を正確に理解するためには、過去にも深く目を向けるべきだと考えます。

最後に、「ルターの戦争観と現代」というテーマの最後の課題についてお話ししなくてはなりません。これは、私にとっては本当に重い問題です。現代においてどのような戦争観をもつべきかについては、基本的には個人の私的な事柄ですので、そのような問題提起は避けたいと思います。しかも、ルターの時代とは、戦争の本質が根本的に異なりますので、今回報告した内容が、それぞれの方が考えるための参考となるような題材を提供できたかどうかは不確かです。少なくともルターの戦争観は、近代的な主権国家が形成される以前に成立したものです。当時鉄砲や大砲などの火器は存在していたものの、弓、剣、槍、盾などが武器の中心であり、現代とは殺傷能力などの点で兵器の質は根本的に異なっていました。まだイメージの湧かない方のために申し上げれば、一五一七年という宗教改革の始まった年は、時期的には日本の室町時代後期あるいは戦国時代のはじめに相当します。それは、北条早雲の活躍や加賀一向一揆があった頃で、まだ種子島に鉄砲は伝来していませんし（一五四三年）、織田信長も生まれていません（一五三四年）。ルターの時代のドイツには、絶対主義国家の特徴である常備軍はほとんど存在せず、軍隊の主力は金銭的な契約で雇用される傭兵でした。ゲーテの戯曲で有名な『ゲッツ・フォン・ベルリッヒンゲン』は、ルターと同時代人であり、彼には傭兵部隊に参加した経験もあります。かの有名な傭兵隊長ヴァレンシュタインは、ルターよりも約一世紀後の人物です。傭兵には彼らのような下級貴族だけではなく、貧しい農民や市民がたくさん参加していました。特に有名なのは、スイス傭兵とドイツのランツクネヒトです。その名残として、スイス人の衛兵が今でもヴァチカンで警備に携わっています。

一六世紀におけるそのような状況とは違って、今日のように軍隊の組織化が進み、兵器が発達した状態になってしまうと、もし一旦戦争が勃発すれば、その被害はルターの時代とは比較できないほどに甚大なものとなることは間違いありません。ルターが用いた外科手術の比喩は、現在では大半の人から共感を得られることは困難でしょう。「ルターの戦争観と現代」というテーマで話をする際には、どうしても私個人の戦争観を述べなければならなくなりますが、それは、客観性と価値の自由に忠実であるべき歴史学者の職分を逸脱した行為ですので、どうしてもためらいの気持ちが生じてしまいます。また、戦争の問題を議論する際には、深い思想やその正しさだけでは、不十分です。それに加えて、現代の戦争や国際情勢に関する社会科学的な知識とそれに基づいた的確な判断力が必要だと考えます。戦争観は、時代の状況に応じて変化するものであり、その人が置かれた立場によっても異なるものです。私自身の中でも、社会情勢に応じて、これまでいろいろと戦争に対する考え方が変化してきました。ここで二つの問いを設定することにします。

最初に、過去に「正しい戦争」は存在したのかという問題について論じたいと思います。私が知る範囲では、「正しい戦争」と呼ぶに値するものは、歴史上決して存在しなかったと、あえて私はそう断言します。これは、あまりにも冷たい見方かもしれませんが、私個人の価値観を基準にすれば、人類の歴史は、罪の歴史であり、戦争とは、人間の醜さや愚かさが最も典型的に表れた出来事と思われます。このような断定的な見方には反発する人がいるかもしれませんが、戦争こそ真理から最もかけ離れた行為です。例えば日露戦争は、内村鑑三が指摘したように、決して正しい戦争などではなく、日本が海外へ進出して領土を拡大するための戦いという側面が強かったのではないでしょうか。私は近代日本史の研究者ではないので、このように断定的な表現をすることは避けるべきではありますが、敢えて述べれば、「なぜ明治期の日本は、スイスのようにすべての国際問題に対して中立を貫こうとしなかったのか」と考えることが多いです。幕末の欧米列強の脅威は強大なものだったかもしれませんが、英米仏のように、日本が植民地をもつような大国にまで登り詰める必要性があったのでしょうか。スイス史を研究している歴史家の端くれの一人として、いつも日本の近代史を見るとそう感じてしまいます。大国主義や領土拡張主義は、常に危険をはらむものです。スイス自体も一六世紀前半に領土拡張を目指す道を進もうとしたのですが、フランス王フランソワ一世を中心とした軍隊に対して北イタリアのマリニャーノで戦い、決定的な敗北を喫してしまいました（一五一五年）。その敗戦によって、スイスの外交は、基本的には今日の原型となる中立政策へと方向転換したのです。エラスムスや内村鑑三の主張の優れた部分は、いつの時代でも顧みられなければならないと思います。しかし、そのような崇高な思想がこの地上において実現可能なのは、原始キリスト教時代のように、特殊な状況に限定されると考えます。西暦三世紀末までのキリスト教徒たちは、社会秩序や平和の維持に対する現実的な責任をほとんど背負っていなかったので、純粋な理想を高らかに掲げることが許されたのです。スイスの永世中立という立場も、武装した上での中立という現実的な対応に依拠せざるをえなかったことは留意しなければなりません。

それでは、現代社会においては「正しい戦争」は成立しえないのかという問題が残ります。あるいは、その問いを言い換えれば、人類には、今後戒めとして戦争をすること自体が完全に絶対的に禁止されているのかと表現できるのかもしれません。私は神学者でも聖職者でもありませんので、公の場でこの問題について発言する資格はありませんが、正しい戦争を全否定するような考えは、他者に対して無理な律法を強制することになりかねません。例えば、もし日本にテロリストが上陸し、国民を無差別に殺害するような状況になった場合に、自衛官や警察官には、絶対平和主義や愛敵の精神に基づいて、そのような虐殺を黙認することは、職業倫理として許されるのでありましょうか。あるいは、そのことは、キリスト教徒が軍人や警察官にはなってならないのかという問題にも発展します。私にはそうは思えません。彼らの仕事は貴いものであることは間違いありません。上述のように、ルターも、軍人という職業を肯定しています。ただし、軍職というものは、暴力的な行為と関わるがゆえに、その武力行使の方法を間違えれば、いつでも不正なものへと転落する危険性をはらんでいます。

さらに戦争の概念自体が九・一一のテロ事件以降、多様で不明確になり、定義しにくいものとなってしまったと感じます。「戦争とは何か」という問題への明確な解答が導き出せなくなっています。国家元首の宣戦布告によって開始されるような正式な手続きを踏んだ戦争以外の軍事衝突が多発しています。戦争が非日常的な特殊な時間と空間に限定されることはなくなってしまい、戦争が身近なものとなり、日常化してしまっています。武器を入手しさえすれば、誰もがいつでも戦争を起こすことができるのです。ルターやトマスは、世俗君主などの公権力を担っている者以外には、戦争を起こす権限を認めませんでしたが、そこには戦争を限りなく抑制しようとする強い意図が感じられます。中世ヨーロッパには、自力救済のためのフェーデというものがあり、貴族同士が私闘を繰り返していました。ルターの時代には、ジッキンゲンという人物が騎士戦争という大きなフェーデを行いました。このようなフェーデを抑え込もうとしたのが、近代的な主権国家による政策の特徴の一つです。つまり国家による軍事力の独占という制度は、近代国家の重要なメルクマールの一つですが、現在では国家が武装集団同士の私闘を抑止することができなくなっています。既に近代ヨーロッパで成立した主権国家という枠組みを基盤とした政治秩序が、根本的な崩壊の危機に曝されていると感じます。今の時代を「ポストモダン」という言葉で表現すれば、よい響きに聞こえますが、文明や科学技術の進歩にもかかわらず、むしろ中世社会に逆戻りしているという側面もあります。それでは、ここで主権国家同士の戦争とそうでないものという二つのケースに分けて議論したいと思います。

主権国家同士の戦争において、高い科学技術をもっている国とそれ以外の国との軍事力の格差が、一層拡大してしまっています。正規軍同士の通常の戦闘では、アメリカ合衆国などの先進国とそれ以外の国では、戦力的に圧倒的な違いが存在します。現在は、常識的な判断ができる為政者がいる場合には、大国同士の戦争が起こりにくい状況にあるとは思います。それにもかかわらず、仮に戦争が勃発した場合には、戦力的に劣っている国家によって、苦し紛れに核兵器や化学兵器などの通常兵器以外の武器が使用される危険性が高いのです。その際の被害は、想像できないほどに甚大です。主権国家同士の戦争は、可能な限り、いや絶対に避けなければならないと感じます。しかも、現在の国際情勢を見ると、主要国の指導者から冷静沈着な政治家が少しずつ減ってきているような危機感すら覚えます。つまり、熱狂的に大衆を煽って支持を集めようとしている政治家が多くなり、ポピュリズムの傾向が強まっています。[20]これは民主主義の構造的危機かもしれません。その事実から判断すると、大規模な戦争が起こりかねないような危険が差し迫っていると感じざるをえません。

さらに主権国家同士の戦争において、非常に困難な問題が横たわっています。ルターの主張のように、仮に禁止されているのが侵略戦争だけであって、防衛戦争は認められるとした場合には、軍事技術が発展した現代において、どのような状況ならば自衛のための戦争として許容できるのか、あるいは何をもって侵略戦争と判断できるのかという問題に関して、その境界線は実に不明瞭です。ルターの時代ならば、それはほぼ明確に判断できますが、現在では両者の区別は難しいと思われます。例えば、核弾頭付きのミサイルに燃料を入れた時点で侵略が開始されたと判断された場合には、攻撃してもよいのかという議論が発生することになります。相手の兵士が国境を越えた時にはじめて、侵略と認定することが可能だというならば、防衛する側は圧倒的に不利な状況で戦わなければなりません。しかも、外国のスパイや工作員は世界各地に秘密裏に潜入しています。これもある種の軍事的敵対行為です。私個人としては、原則上、自国の防衛に限定すれば、正しい戦争は成立しうるとしたいのですが、それが具体的にどのようなケースであるのかについて言及できないのです。科学技術の進歩は、人類を本当に幸福にしたのでしょうか。科学の進歩は、戦争をより複雑で高度で深刻なものにしてしまっています。ある面で人類は、バベルの塔のようなものを建設し続けたのかもしれません。このような見方は、あまりにも終末論的な発想かもしれませんが、特に最近、私はそれを実感してしまいます。

主権国家同士以外の戦争では、さらに問題が複雑になってしまったと感じます。現在、主権国家と私的な武装集団やテロリストとの戦争、あるいは武装集団同士の戦いが頻発し、世界各地でそれが泥沼化しています。公権力の権威に基づかない戦争や軍事行動は、ルターの論理によれば完全に否定されています。ルターが、ドイツ農民戦争を否定したことはあまりにも有名です。しかし、何が不当なテロ行為なのかが分からなくなっています。今日では国家権力の都合で、状況に応じてテロが定義されています。一般的にテロリズムとは、政治的な目的を達成するために、暗殺や破壊などの暴力行為によって、他者に恐怖を与えることとして理解されています。それでは、ルターやトマスの見解のように、公権力の権威に基づかない武力行使はすべて否定されるのかという問題が残ります。極端な事例を挙げれば、ピューリタン革命も、アメリカ独立革命も、フランス革命も、王党派の人々にとってはテロリストによる武装蜂起として断罪されかねません。元来「テロリズム」という言葉は、フランス革命期のジャコバン派の恐怖政治に対する批判的な表現として成立しました。何が民衆による正当な抗議行動なのか、何が不当なテロ行為なのかについて判断するためには、正確な社会科学的な知識や分析能力が必要です。

しかし、巷では大量の情報が氾濫し、何が真実なのか分からなくなっています。インターネットなどの情報ネットワークの普及によって、個人が簡単に世界に向かって私的な主観的見解を発信しています。アメリカ大統領などの為政者が、一般庶民と同様にツィッターを利用して自己の見解を表明するような時代です。インターネットで流れる偽の情報と、研究者が精魂込めて分析した研究成果の違いが、一般人には不明瞭になっています。質の違う情報が、あたかも同等の価値をもっているかのように併存しています。このような時代であるからこそ、大学で科学的な分析能力や学術的な作法を身につける意義を学ぶことの大切さを痛感します。間違いなくルターの戦争観には、時代の限界を感じる部分があります。特に彼のイスラム教徒に対する誤解とドイツ農民戦争に対する無理解は、実に重い問題です。ルターも人間です。ルターは、神学的な正しさをもちながらも、社会認識に関しては偏っていたと言わざるをえないのです。ルターの戦争観の問題点は、彼の神学の欠点というよりも、主に社会全体に関する情報不足に起因していると考えます。この問題に関して、ルターは明らかに我々にとっては反面教師です。しかし人間ならば、だれでもそのような欠点をもっているものです。理性は、信仰を助けよりよく生きるための補助的な役割の一翼を担っていると思います。言い換えれば、理性によって信仰はしばしばバランスと視野の広さを与えられ、狂信的で偏狭なものへと陥る危険性を回避することがより可能になると私は推測します。

何が正しい戦争観かという問題に対しては、常に理性を働かせて、冷静に社会を分析する態度が必要だと感じます。第二次世界大戦の時に、矢内原忠雄のような行動をとることのできた人は、他に何人いたのでしょうか。大学で人文社会科学を学ぶ意義の一つは、そこにあると思われます。人文社会科学の分野を縮小しようとする政策は、長期的に見れば、深刻な結果をもたらしかねません。現代社会全体に、ヒステリックで排他的な感情が広まり、何か異常な興奮状態が断続的に続いています。その点では、強大なオスマン帝国の恐怖に怯えたルターの時代に生きた人々の精神状況と類似しているのかもしれません。我々個人には、そのような敵愾心や恐怖から一歩身を引いて、冷静で客観的な情勢分析を行うことが求められていると思います。

以上で私のお話を終わりにします。ご清聴ありがとうございました。

註

（1）拙稿「マルティン・ルターの戦争観─一五二〇年代後半の対オスマン帝国関係文書を例に─」（『史学』第八四巻第一・二・三・四号、二〇一五年四月、四一五─四六三頁）。
（2）拙著『ドイツ農民戦争と宗教改革─近世スイス史の一断面─』（慶應義塾大学出版会、二〇〇〇年）。同『宗教改革と農奴制─スイスと西南ドイツの人格的支配─』（慶應義塾大学出版会、二〇一三年）。
（3）山内進編著『「正しい戦争」という思想』（勁草書房、二〇〇六年、一─四一頁）。
（4）木寺廉太『古代キリスト教と平和主義─教父たちの戦争・軍隊・平和観─』（立教大学出版会、二〇〇四年）。室根郁男「テルトゥリアヌスの『ローマ帝国軍隊』論─ローマ帝国史との接点─」（『基督教学』二四、一九八二年、五六─七〇頁）。
（5）近山金次「アウグスティヌスの戦争論」（『世紀（カトリック総合文化誌）』通号三〇、一九五一年、一二頁）。
（6）荻野弘之「キリスト教の正戦論─アウグスティヌスの聖書解釈と自然法─」（山内進編著『「正しい戦争」という思想』勁草書房、二〇〇六年、一四〇頁）。
（7）山内進『十字軍の思想』（ちくま新書、二〇〇三年、七〇─八八頁）。
（8）トマス・アクィナス著／大鹿一正監訳・大森正樹・小沢孝訳『神学大全一七』（創文社、一九九七年、七八─九二頁）。

（9）松尾佳枝「ラス・カサスの戦争論―国際法思想史の一考察―」（『亜細亜法学』第一八巻第二号、一九八三年）。
松森奈津子『野蛮から秩序へ―インディアス問題とサラマンカ学派―』（名古屋大學出版会、二〇〇九年）。
（10）ジャン・カルヴァン著／渡辺信夫訳『キリスト教綱要　Ⅳ／2』（新教出版社、一九六五年、二四五―二四七頁）。
（11）『宗教改革著作集第八巻―再洗礼派―』（教文館、一九九二年、九三―九四頁）。
（12）箕輪三郎訳『平和の訴え』（岩波書店、一九六一年、四四頁）。
（13）同上、三二―三三頁。
（14）同上、八五頁。
（15）同上、六六―六七頁。
（16）拙稿「宗教改革者と農奴制―ベルンの再洗礼派の例を中心にして―」（『西洋史学』第二一二号、二〇〇四年、二三―四三頁）。同「エラスムスと人格の自由―『キリスト者の君主の教育』を中心として―」（『史学雑誌』第一一七編第二号、二〇〇八年、三三―五八頁）。
（17）WA 30/2, S.116.
（18）WA 30/2, S.129-130.
（19）WA 19, S.626-627.
（20）水島治郎『ポピュリズムとは何か』（中公新書、二〇一六年）。

文献目録

［一］ルターの対トルコ戦争と社会思想について（抜粋）

①史　料

マルティン・ルター著「この世の権威について、人はどの程度までこれに対して服従の義務があるのか」（『ルター著作集第一集第五巻』聖文舎、一九六七年）。

マルティン・ルター著「軍人もまた救われるのか」（『ルター著作集第一集第七巻』聖文舎、一九六六年）。

マルティン・ルター著「トルコ人に対する戦争について」（『ルター著作集第一集第九巻』聖文舎、一九七三年）。

マルティン・ルター著「『皇帝に対する抵抗権についての』連続討論の提題」（『ルター著作集第一集第一〇巻』聖文舎、一九八〇年）。

②研究文献

Aland, Kurt, Auch widder die reuberischen und mördischen Rotten der andern bawren. Eine Anmerkung zu Luthers Haltung im Bauernkrieg, in: *Theologische Literaturzeitung*, Jg.74(1949), S.299-303.
Albrecht, O., *Eine Kriegspredigt aus Luthers Schriften* (*Volksschriften zum großen Krieg* 6), Verlag des Evangelischen Bundes 1915.
Althaus, Paul, Krieg und Christentum, in: Gunkel-Zscharnack(Hg.), *Die Religion in Geschichte und Gegenwart*, 2. Aufl. 3.Bde. 1929.
Althaus, Paul, *Luthers Haltung im Bauernkrieg*, Basel 1953.
Baldwin, John T., "Luther's Eschatological Appraisal of the Turkish Threat in *Eine Heerpredigt wider den Türken*," in: *Andrews University Seminary Studies* 33 (1995), S.185-202.
Bernhardt, Karl-Heinz, Luther und der Islams, in: *Standpunkt* 11 (1983), S.263-265, S.328-330; *Standpunkt* 12 (1984), S.87-91.
Brecht, Martin, *Martin Luther* 3 Bde., 3. durchgesehene Auflage, Stuttgart 1990.
Brecht, Martin, Luther und die Türken, in: Bodo Guthmüller/ Wilhelm Kühlman (Hgg.), *Europa und die Türken in*

der Renaissance, Tübingen 2000.

Buchanan, Harvey, "Luther and the Turks, 1519-1529", in: *Archiv für Reformationsgeschichte* 47-2(1956), S.145-160.

Choi, David Sukwon, *Martin Luther's Response to the Turkish Threat: Continuity and Contrast with the Medieval Commentators Riccoldo da Monte Croce and Nicholas of Cusa*, PhD. Dissertation Princeton Theological Seminary 2003.

Ehmann, Johannes, *Luther, Türken und Islam: eine Untersuchung zum Türken- und Islambild Martin Luthers (1515-1546)* (*Quellen und Forschungen zur Reformationsgeschichte* Bd.80), Göttingen 2008.

Erdmann, Karl Dietrich, *Luther über den gerechten und ungerechten Krieg: vorgelegt in der Sitzung am 2. Dezember 1983* (*Berichte aus den Sitzungen der Joachim Jungius-Gesellschaft der Wissenschaften e.V. Hamburg Jahrgang 1, Heft 5*), Hamburg 1984.

Fischer-Galati, Stephen, *Ottman Imperialism and German Protestantism 1521-1555*, Cambridge: Harvard University Press 1959.

Forell, George W., "Luther and the War against the Turks", in: *Church History* 14-4 (1945), S.256-271.

Francisco, Adam S., *Martin Luther and Islam. A Study in Sixteenth-Century Polemics and Apologetics* (*History of Christian-Muslim Relations Vol.8*), Leiden/ Boston 2007.

Hagemann, Ludwig, Der Islam in Verständnis und Kritik bei Martin Luther, in: *Trierer Theologische Zeitschrift* 103-2 (1994), S.131-151.

Holl, Karl, Luthers Anschauungen über Evangelium, Krieg und Aufgabe der Kirche im Lichte des Weltkrieges, in: K.Holl, *Gesammelte Aufsätze zur Kirchengeschichte* III, Tübingen 1928.

Kappus, Adolph, Das Jahr 1529. Die Türken vor Wien und Luther, in: *Die Wartburg* 28 (1929), S.394-399.

Köhler, Walter, Zu Luthers Schrift „Ob Kriegsleute auch in seligem Stande sein können," in: *Theologische Blätter* 5 (1936).

Kunst, Hermann, *Martin Luther und der Krieg. Eine historische Betrachtung*, Stuttgart 1968.

Lamparter, Helmut, *Luthers Stellung zum Türkenkrieg*, München 1940.

Lamparter, Helmut, Krieg und Frieden im Urteil Luthers, in: *Für Arbeit und Besinnung, kirchliche theologische Halbmonatsschrift* 6 (1952), Stuttgart, S.2-12, S.24-30, S.41-45.

Lind, Richard, *Luthers Stellung zum Kreuz- und Türkenkrieg*, Gießen 1940.

Miller, Gregory, "Fighting Like a Christian: The Ottoman Advance and the Development of Luther's Doctrine of Just War", in: David Whitford (Hg.), *Caritas et Reformatio*: *Essays on Church and Society in Honor of Carter Lindberg*, St.Louis 2002, S.41-57.

Mühlhaupt, Erwin, Luthers Denken über Frieden und Gewalt, in: *Luther* 41, Göttingen 1971.

Pawlas, Andreas, Luther und der sogenannte „gerechte" Krieg, in: *Luther* 65, Göttingen 1995.

Pfister, Rudolf, Reformation, Türken, und Islam, in: *Zwingliana* 10-6 (1956), S.345-375.

Plösch, Josef, *Die Lehre vom gerechten Kriege bei Martin Luther*, Inaugural-Dissertation zur Erlangung des Dokorgrades an der philosophischen Fakultät der Karl-Franzens-Universität in Graz 1955.

Simon, G., "Luther's Attitude toward Islam", in: *The Muslim World* 21 (1931), S.257-262.

Steinlein, von Hermann, *Luther und der Krieg* (*Buchhandlung des Vereins für innere Mission Nürnberg*), Nürnberg 1916.

Stümke, Volker, *Das Friedensverständnis Martin Luthers. Grundlagen und Anwendungsbereiche seiner politischen Ethik* (*Theologie und Frieden Bd.34*), Stuttgart 2007.

Tonkin, John, "Luther's Writings on the Turks," in: *Lutherjahrbuch* 71 (2004), S.268-270.

Vogler, Günther, Luthers Geschichtsauffassung im Spiegel seines Türkenbildes, in: Leo Stern/ Max Steinmetz (Hgg.), *450 Jahre Reformation*, Berlin 1967, S.118-127.

木部尚志『ルターの政治思想—その生成と思想—』（早稲田大学出版部、二〇〇〇年）。

倉松功『ルター神学とその社会教説の基礎構造—二世界統治説の研究—』（創文社、一九七七年）。

坂本仁作「ルッター政治思想研究序説」（『法と政治』一一・二、一九六〇年）。

田中真造「トーマス・ミュンツァーのトルコ人像」（『京都教育大学紀要』九五、一九九九年）。

永田諒一「ルターの『皇帝に対する武力抵抗権』」（同『ドイツ近世の社会と教会』ミネルヴァ書房、二〇〇〇年、一—四〇頁）。

成瀬治「ルターと国家権力」（『日本の神学』二、一九六三年）。

野々瀬浩司「マルティン・ルターの戦争観—一五二〇年代後半の対オスマン帝国関係文書を例に—」（『史学』第八四巻第一・二・三・四号、二〇一五年四月、四一五—四六三頁）。

ルートヴィッヒ・ハーゲマン著／八巻和彦・矢内義顕訳『キリスト教とイスラーム—対話への歩み—』（知泉書館、二〇〇三年）。

羽田功『洗礼か死か—ルター・十字軍・ユダヤ人—』（林道舎、一九九三年）。

宮庄哲夫「ルターとイスラーム」（『文化学年報』（同志社大学文化学会）五八、二〇〇九年）。

森田安一「近世ドイツ語圏に見られるトルコ人・ユダヤ人観」（深沢克己編『ユーラシア諸宗教の関係史論』勉誠出版、二〇一〇年、二六一—二八〇頁）。

［二］ 近代初期までのキリスト教の戦争観（ルター以外）について（抜粋）

①史　料

アウグスティヌス著／赤木善光・泉治典・金子晴勇訳『アウグスティヌス著作集一一　「神の国」（一）』（教文館、

一九八〇年)。

アウグスティヌス著/大島春子・岡野昌雄訳『アウグスティヌス著作集一四「神の国」(四)』(教文館、一九八〇年)。

アウグスティヌス著/松田禎二・岡野昌雄・泉治典訳『アウグスティヌス著作集一五「神の国」(五)』(教文館、一九八三年)。

トマス・アクィナス著/大鹿一正監訳・大森正樹・小沢孝訳『神学大全一七』(創文社、一九九七年)。

デシデリウス・エラスムス著/片山英男訳『キリスト者君主の教育』(『宗教改革著作集二』教文館、一九八九年)。

デシデリウス・エラスムス著/箕輪三郎訳『平和の訴え』(岩波書店、一九六一年)。

ジャン・カルヴァン著/渡辺信夫訳『キリスト教綱要 IV/2』(新教出版社、一九六五年)。

『宗教改革著作集第八巻—再洗礼派—』(教文館、一九九二年)。

②研究文献

Bestermöller, Gerhard/ Justenhoven, Heinz-Gerhard(Hgg.), *Friedensethik im Spätmittelalter. Theologie im Ringen um die gottgegebene Ordnung* (*Beiträge zur Friedensethik Bd. 30*), Stuttgart/ Berlin/ Köln 1999.
Bestermöller, Gerhard, *Thomas von Aquin und der gerechte Krieg. Friedensethik im theologischen Kontext der Summa Theologiae*, (*Theologie und Frieden Bd.4*), Köln 1990.
Cadoux, Cecil John, *The Early Christian Attitude to War: A Contribution to the History of Christian Ethics*, London 1919.
Erdmann, Carl, *Die Entstehung des Kreuzzugsgedenkens*, Darmstadt 1974.
Gmür, Harry, Thomas von Aquino und der Krieg, in: *Beiträge zur Kulturgeschichte des Mittelalters und der Renaissance* Bd.51, Leipzig / Berlin 1933.

Körtner, Ulrich H. J., „Gerechter Friede“ - „gerechter Krieg“. Christliche Friedensethik vor neuen Herausforderung, in: *Zeitschrift für Theologie und Kirche 100*, Tübingen 2003.

Riley-Smith, Jonathan, *The First Crusade and the Idea of Crusading*, New York 1986.

Stobbe, Heinz-Günther, *Religion, Gewalt und Krieg. Eine Einführung* (*Theologie und Frieden Bd.40*), Stuttgart 2010.

Weissenberg, Timo J., *Die Friedenslehre des Augustinus. Theologische Grundlagen und ethische Entfaltung*, Stuttgart 2005.

阿部知二『良心的兵役拒否の思想』（岩波新書、一九六九年）。

荒井献「初期キリスト教における非戦の思想」（同『「同伴者」イエス—小論・講演集—』新地書房、一九八五年、三三八—三五九頁）。

伊藤不二男「グラティアヌス『教会法』における正当戦争論の特色—国際法学説史研究—」（『法政研究』二六・二、一九五九年）。

今井仙一「いわゆる正戦について—グロチウスを中心として—」（『同志社法学』一二・三、一九六〇年）。

大野惠正「聖書における聖戦—聖書神学的考察—」（『活水論文集・人間関係学科編』第四六集、二〇〇三年）。

H・カメン著／成瀬治訳『寛容思想の系譜』（平凡社、一九七〇年）。

ピーター・C・クレイギ著／村田充八訳『聖書と戦争—旧約聖書における戦争の問題—』（すぐ書房、二〇〇一年）。

木寺廉太『古代キリスト教と平和主義—教父たちの戦争・軍隊・平和観—』（立教大学出版会、二〇〇四年）。

櫻井康人「帝国としての『キリスト教国』—普遍教会会議決議録における平和と十字軍の言説—」（『歴史と文化』第四六号、二〇一〇年）。

沢田和夫「トマス・アクイナスの正戦論と近世自然法の伝統」（『国際法外交雑誌』五九（四）、一九六〇年）。

柴田平三郎「第一〇章　アウグスティヌスの平和論」（『アウグスティヌスの政治思想』未来社、一九八五年）。

柴田平三郎「トマス・アクィナスの正戦論」（『独協法学』八五、二〇一一年）。

A・ジョティシュキー著／森田安一訳『十字軍の歴史』（刀水書房、二〇一三年）。

鈴木宜則「トマス・モアとエラスムスにおける戦争と平和」（『鹿児島大学教育学部研究紀要（人文社会科学編）』三九、一九八七年）。

キャサリン・アレン・スミス著／井本晌二・山下陽子訳『中世の戦争と修道院文化の形成』（法政大学出版局、二〇一四年）。

土井健司『キリスト教は戦争好きか』（朝日新聞出版、二〇一二年）。

荻野弘之「キリスト教の正戦論―アウグスティヌスの聖書解釈と自然法―」（山内進編著『「正しい戦争」という思想』勁草書房、二〇〇六年）。

藤女子大学キリスト教文化研究所編『平和の思想―キリスト教からの再考察―』（LITHON、二〇〇八年）。

渕倫彦「いわゆるグラーティアヌスの正戦論について―Decretum Gratiani, Pars 2―」（『比較法史研究』一一、二〇〇三年）。

R・H・ベイントン著／中村妙子訳『戦争・平和・キリスト者』（新教出版社、一九六三年）。

ジョン・ヘルジランド他著／小阪康治訳『古代のキリスト教と軍隊』（教文館、一九八八年）。

フランシスコ・ペレス「アウグスティヌスの戦争論」（『中世思想研究』通号二七、一九八五年）。

松尾佳枝「ラス・カサスの戦争論―国際法思想史の一考察―」（『亜細亜法学』第一八巻第二号、一九八三年）。

松森奈津子『野蛮から秩序へ―インディアス問題とサラマンカ学派―』（名古屋大學出版会、二〇〇九年）。

宮田光雄『平和の思想史的研究』（創文社、一九七八年）。

山内進『文明は暴力を超えられるか』（筑摩書房、二〇一二年）。

山内進『掠奪の法観念史』（東京大学出版会、一九九三年）。

山内進編著『「正しい戦争」という思想』（勁草書房、二〇〇六年）。

山内進『十字軍の思想』（ちくま新書、二〇〇三年）。

山崎達也「トマス・アクィナスにおける正戦の論理―共通善と人間性との相関性を創出する論理空間―」(『東洋哲学研究所紀要』一八、二〇〇二年)。

ホセ・ヨンパルト「ビトリアの正当戦争の理論」(『中世思想研究』第四八号、二〇〇六年)。

ゲルハルト・フォン・ラート著／山吉智久訳『古代イスラエルにおける聖戦』(教文館、二〇〇六年)。

世界史の中の宗教改革

近藤勝彦

宗教改革を表す日付として一五一七年一〇月三一日、その年の万聖節（All Saints Day）の前夜が挙げられます。その日、ハロウィーンの夜の習慣に従って、マルティン・ルターは討論を呼びかけたと言われ、ヴィッテンベルクの城教会の扉に書状を貼りつけたとか、実際にはそれはなかったとか説は分かれるようです。それにしてもそのときの論題が「九十五箇条の提題」で、ルターの宗教改革の嚆矢となったと言われ、この日が「宗教改革記念日」と呼ばれるようになりました。ルター三四歳の年でした。それから五〇〇年を経過し、今年は「宗教改革五〇〇年」に当たるわけです。

1　宗教改革の開始

しかし大きな歴史的事件というものは、いつでもそうですが、その開始がいつ、どこにあったか、そうはっきりと断定できるものではありません。一五一七年以前に、すでにルターはアウグスティヌス派の修道士として修道院学校で教育と研究に携わり、自らの信仰の苦悩を抱えて求道的な探究の日々を送っていました。中世の人々は、西方教会の伝統を受け継いで「悔い改め」の風習に時折、悩まされ、悔い改めを要求する神が恐るべき神として迫って来るときがあり、おののきの中に過ごすことがありました。ルターは神が「憐れみの神」であることをどのようにして知り得るかと苦悩していました。その苦悩の中で、彼は当時の教会が与える「免罪」や「告解のサクラメント」によって心を安んじることができませんでした。中世後期の時代、教会の権威はもうすでに久しく動揺の中にあり、ルターの悩む魂は、ひたすら聖書に取り組む以外に解決の道を知りませんでした。その信仰的な格闘を、ルターはヴィテンベルクの修道院学校の塔にあった、自分にあてがわれた書斎で、「詩編」や「ローマの信徒への手紙」や「ガラテヤの信徒への手紙」と熱心に取り組みながら過ごしたと伝えられています。

その過程でルターは聖書が証言している神を改めて発見し、特に「神の義」が功績を求める義、審判する義ではなく、義のない者をただ恵みによって、つまりはただ信仰によって受けるべきこととして義としてくれる神の創造的な働きによる義、人間からするとただひたすら信仰によって受け取るのみの「受動的な義」であることを発見しました。ルターが聖書と取り組み、「神の義」を発見したこの経験は、「塔の体験」と呼ばれますが、ルターの宗教改革は「塔の体験」によって開始されたと言ってもよいでしょう。しかしそれがいつだったのかルター自身による回顧談は複数あって、それが「詩編」と取り組んだ一五一七年以前のこととも考えられ、また「ローマの信徒への手紙」と取り組んだ一五一九年とも考えられます。

後年のルターの回顧談の一つ『ラテン語による彼の諸文書の全集版第一巻の序文』（一五四五年）の一節には、次のように語られています。

> ローマの信徒への手紙におけるパウロを知ろうと、私は驚くべき情熱に確かに捉えられていた。しかしそれまで妨害してきたものがあった。それは心臓を巡る血の冷たさでなく、神の義がその（福音

の）中に啓示されるとある（ローマの信徒への手紙の）第一章のただ一つの言葉であった。そこで私は〈神の義〉というこの言葉を憎んだ。私はそれをあらゆる博士たちが抱いていた一般的な習慣に従って、（いわゆる）形式的な義、あるいは能動的な義として哲学的に理解するように教えられてきた。その義によって神は義であり、罪人たちや義でない者たちを罰する。私は修道士として非難されない仕方で生きてきたとは言え、神の前で罪人であり、良心において不安であり、私自身の償いによって和解に入れられると確信することはできなかった。私は、義である神、罪人を罰する神を決して愛しておらず、むしろ憎んでいた。（中略）ついに神の憐れみによって昼も夜も絶えることなく熟考し、それらの言葉の繋がりに注目するに至った。すなわち、（聖書に）記されているように、神の義はそこ（福音）に啓示されている。義である人は信仰によって生きる。そのとき私は神の義を、それにより義である人が、神の賜物によって生きることと理解し始めた。つまり信仰によって。そしてそれはこのような趣旨であると私は（認識した）。福音によって神の義は啓示される。すなわちそれは受動的な義であり、それによって憐れみの神が信仰を通してわれわれを義とする。義である人は信仰によって生きると記されているように。このとき私はまったく生まれ変わったと感じた。そして門が開かれ、天国そのものに入るかのようであった。それに続いて聖書全体の容貌が私には異なって現われて来た。（中略）神の業とは、すなわち神がわれわれの内に働かせるものであり、神の力とはそれによって神がわれわれを強くするものであり、神の知恵とは神がわれわれをそれによって知恵あるものにするもの、神の強さ、神の救い、神の栄光（も同様である）[1]。

こうしてルターの「受動的な神の義の発見」は、聖書の全貌を従来とは全く一変させて理解させ、神とその福音をまったく新しく理解する機会になりました。重大事件というものは、決して戦場や会議場で起きるとは限りません。一人の信仰者の書斎の中で世界史的事件が開始されました。神とその義の発見が世界史的な事件にならないはずはないとも言えるでしょう。

2　宗教改革の大概念

もっとも宗教改革はルターだけに終始したわけではありません。ルターは確かに宗教改革の中心人物ですが、彼の前にはエラスムスがおり、ラテン訳聖書でなく、聖書のギリシャ語原典に立ち戻る努力をしていました。「エラスムスが産んだ卵をルターが孵した」とも言われました。またルターの同世代にはメランヒトン（ドイツ）、ツヴィングリ（チューリッヒ）、マルティン・ブッツァー（シュトラスブルク）、エコランパディウス（バーゼル）など、いずれもルターから影響を受けた宗教改革第一世代の人々が幾人もおりました。また第二世代にはジャン・カルヴァン（ジュネーヴ）やブリンガー（チューリッヒ）がいました。そうすると宗教改革は、一五一七年前後からルターの死（一五四六年）を経て、カルヴァンの死（一五六四年）くらいまでの五〇年ほどと考えられるかもしれません。

しかし宗教改革の鳥瞰図をさらに大きく描くと、その開始はルターの改革をさらに一〇〇年以上遡ります。また宗教改革の一応の終りまでは、ルターの死後一〇〇年くらい後にまで時代を降る必要があるでしょう。ジョン・ミルトンは、あの大作『楽園喪失』によってよく知られた詩人です。彼はまた一七世紀イングランドの議会人オリヴァー・クロムエルと共にその書記官としてピューリタン革命を指導したリーダーの一人でした。ミルトンが教会と国政の改革に努めながら、一四世紀のジョン・ウイクリフの働きを指して、イングランドは他の諸国に先立って宗教改革を開始した、しかしその名誉を他国に譲ってしまったと書いたことがあります。その上でミルトンは、彼自身が携わった一六四〇年代のイングランド教会の改革によって、宗教改革を完遂すると語りました。一四世紀のオックスフォードの教授ジョン・ウイクリフが、ローマ・カトリック教会から英国教会の独立を主張しながら、聖書をラテン語から英語に翻訳したのは一三七八年から一三八二年にかけてのことでした。ルターの宗教改革の一五〇年前です。このウイクリフはやがて彼の死後一四一五年のコンスタンツの宗教会議において異端の宣告を受けました。コンスタンツはライン河の上流、ドイツとスイスの国境にある湖ボーデンゼーのドイツ側の湖畔の都市です。このコンスタンツの宗教会議に召喚され、異端とされ、火刑に処せられた人にヤン・フスがいました。彼は、チェコのプラハの牧師であり、プラハ大学長としてその地域の宗教改革運動の中心人物だった人です。フスはウイクリフの影響を受けて教会の新しいあり方を考えたと言われます。つまり一四世紀後半から一五世紀にかけて、宗教改革の先駆的な運動がすでに北ヨーロッパの各地に見られたわけです。そうすると宗教改革は一六世紀の前半、ドイツやスイスを中心にしたにしても、そのとき、そこだけの出来事でなく、一四世紀から一七世紀まで、ジョン・ウイクリフからジョン・ミルトン、さらに一七世紀の八〇年代に至るまで三〇〇年間にわたるイングランド、チェコ、ドイツ、スイス、北フランス、オランダ、スコットランド、要するにヨーロッパ北部を巻き込んだ、巨大な宗教的、そして政治的・社会的な大運動であったと言うことができるでしょう。ドイツ語圏の見方では、宗教改革を狭くルターからカルヴァンの死までの二世代に見て、その後は「古プロテスタンティズム」（つまり啓蒙主義以前のプロテスタンティズム）の時代と見るのが一般ですが、ミルトンの大きな視線を尊重し、さらに北ヨーロッパ諸国の宗教改革という視点で見ると、一七世紀の八〇年代までいかないと、宗教改革の一応の決着点にまで到達しないとも言い得るでしょう。

宗教改革の中からルター派、改革派を中心にしたプロテスタント教会が成立しました。やがてプロテスタント教会は、特に改革派、それもツヴィングリよりはカルヴァン主義の流れの改革派において、近代世界の「三大革命」をもたらしたと言われます。それはオランダの総理大臣でもあったアブラハム・カイパー（一八三七―一九二〇）が語ったことですが、イギリス革命（カイパーは特に一六八八年の名誉革命を意味していました）、当時のカトリック教会の最強の後ろ盾であったスペインからのオランダの独立、そしてアメリカの独立革命を「プロテスタントの三大革命」と言いました。宗教改革からプロテスタンティズムの成立とその文化的・社会的運動に及び、この流れの中から、特にイングランドにおける「宗教改革の宗教改革」を経るなかから、デモクラシーや人権の主張、宗教的寛容の思想、そして国家主権を制限する立憲主義（「権利の章典」として）などが世界史の中に登場し、一般化してきたと見ることができるでしょう。宗教改革という世界史的大事件は、その後のプロテスタンティズムという世界教会史、さらには世界文明史上の巨大な勢力形成に及びました。この勢力が「近代市民社会」の形成に参与し、近代の政治、経済、科学、その他さまざまな分野に影響を与えたわけです。

3　同時代の出来事

「世界史の中の宗教改革」を語るためには、宗教改革そのものだけでなく、それ以外の世界史的な出来事にも関心を向ける必要があるでしょう。詳細を語ることはできませんので、三つの事件についてだけお話したいと思います。一つは一四五〇年のグーテンベルクによる活字印刷術の発明です。この活字印刷術の発明が先行したことによって、ルター訳ドイツ語聖書は印刷され、聖書が信徒の手に渡されました。さらにルターの宗教改革三大文書（一五二〇年のもの）、その中の最たるものが『キリスト者の自由』という小著ですが、それが広く頒布されました。ルターの宗教改革運動がドイツを始め、スイスや、北フランスや、イングランドにいち早く伝達されたのは、この活字印刷術の発明がなかったら考えられないことでした。宗教改革が情報革命によって進行したことは、今日も考えなければならない意味を内包しているでしょう。

もう一つは一四五三年に難攻不落と言われたビザンチン帝国の都コンスタンティノープルがイスラムの攻略によって陥落したことです。これによって東方教会は重要拠点を失い、東欧の地域に勢力を移動させ、ローマ・カトリック教会はビザンチン帝国という緩衝地帯を失って、イスラムとの直接的対決に勢力を傾けなければなりませんでした。イスラムの勢力は、時には北ヨーロッパ、ウィーンの近くまで侵攻するようになりました。また、コンスタンティノープルの陥落によって、そこからの亡命者が多数ヨーロッパに流れ込み、ルネサンスにおける人文主義の発達に影響を与えたとも言われます。コンスタンティノープルの陥落は、その六〇年後のエラスムスによるギリシャ語新約聖書の公刊にも間接的な影響を与えたとも言えるでしょう。

第三に挙げたいのは、一四九二年にはコロンブスの新大陸発見が起きていることです。宗教改革の時代は見方を変えれば、イタリア、スペイン、ポルトガルといったカトリック諸地域の勢力によって「大航海時代」が始まった時代でした。アフリカ大陸南端の喜望峰をまわってインドに達する海上の道が発見され、ローマ・カトリック教会のイエズス会は一六世紀には東洋伝道に乗り出し、日本にまで布教の道を伸ばしました。ヨーロッパの北部をその勢力圏から失っても、あるいは失ったからこそ、東洋伝道に乗り出したとも言い得るでしょう。これに比してプロテスタント教会が東洋伝道に乗り出したのは、はるか三〇〇年後、一八世紀末から一九世紀にかけて、つまり一九世紀という「世界伝道の世紀」に至ってです。初代教会以来、福音は常に伝道に駆り立て、異邦人伝道、世界伝道がなされました。その点で、真の福音の発見に基づいたはずのプロテスタント教会が世界伝道に乗り出す時期が遅かったということは、大きな宿題として残されたことがあったということでした。

4　宗教改革の核心

話を宗教改革に戻さなければなりません。宗教改革という世界史的出来事は広大な影響範囲を抱えています。しかしその運動の中心にいたのは、何と言ってもやはりマルティン・ルターという一人の修道士、宗教者でした。このことは否定することのできないことです。今日は「世界史の中の宗教改革」について語る必要がありますので、宗教改革は一四世紀後半から一七世紀後半に至る三世紀にわたった巨大な宗教的、ならびに文化的・社会的な運動であったと、ミルトン的視点を加えて、お話しました。しかし同時にその核心的な部分がやはりルターにあったということはお話しなければならないと思います。宗教改革の主題は大きな問題群をなしていますから、さまざまな検討が必要であり、また可能です。精神的・宗教的運動でありながら、国家や諸都市を巻き込んだ改革運動でもあり、国家や社会のあり方に影響を与え、経済や政治、科学の発達にも影響を及ぼしたものです。しかし思い切ってその中核を表現すれば、やはりルターの信仰的な戦いの中に典型的に現れた意味で、「宗教的な救いの問題」が中心にあったと言わなければならないでしょう。それは当時のローマ・カトリック教会の宗教的権威と、その政治的支柱であった神聖ローマ帝国や諸王国の支配との結合に対抗して、唯一「聖書の権威」に訴え、「神の福音」を新しく発見し、それによる新しい人間の生き方、そして教会のあり方、社会のあり方を指し示したと言ってよいでしょう。そのテーマは、「聖書のみ」の標語や「信仰のみ」（信仰によってのみ義とされる義認の信仰）によって表現されます。それはまたルターの記した宗教改革三大文書の一つ『キリスト者の自由』によれば、「福音による自由」が中心テーマであったとも言えるでしょう。

「信仰」はキリストと結ばれる「指輪」のようなものと、ルターは『キリスト者の自由』の中で書いています。その信仰によって私たちの中にある貧しさ、負債、欠けをキリストが負われ、キリストの中にある豊かさのすべてが私たちのものになる「不思議な交換」が行われたと言うのです。キリストによるこの恵みに基づく交換によって、私たちは義とされ自由とされたと言います。ですから宗教改革のテーマは、「聖書のみ」「信仰のみ」であるとともに、「キリストのみ」「福音のみ」であり、「キリストによる義」であり、「福音によるキリスト者の自由」でした。

その福音は、神であり主であるキリストがその十字架の「苦難」と「流された血」と「その死」によって、罪と死と悪魔の支配に勝利し、私たち罪の者を神の子の自由に入れたという福音です。キリストの犠牲の死による代理的審判によって、私たちの罪とキリストの義の「驚くべき交換」がなされ、私たち罪ある者が義とされたと言います。キリストの義を与えられることによって自由なものとされました。

「義」と「自由」とは違うように思われるかもしれません。しかし神の恵みによって義と認められなければ、人間は常に根本的な不安に苛まれるでしょう。罪人を義とする神の創造的な義、神の憐れみの義、私たちから言うと「受動的な義」によって、私たちは神の前で自由を与えられ、神と共なる自由を生きることができます。ルターの表現で言うと、それによってキリスト者は何者にも支配されない「君主」にされたと言います。自分の内に起きるあらゆる自己糾弾からも、また自分の外の一切の権威や世のもろもろの霊力の支配からも解き放たれました。そのようにして神から自由が与えられなければ、本当の自由にはならないでしょう。自分の中に繰り返し襲ってくる罪とそれゆえの告発があれば、良心の疾しさが私たちを苦しめ続けます。他者や周囲からの非難や告発も起こります。世の霊力の支配、世の権力の支配が恐れをもたらし、私たちを拘束します。周囲の画一主義的な圧迫もあるでしょう。真に自由であるのは、神が私たちの内外の一切の脅かしを打ち破り、私たちを解き放ち、神と共なる生活の中で真に自由にしてくださることによってです。そしてその時、私たちはキリストに仕えていただいているように、互いに仕え合うことができるでしょう。誰にも支配されない真の「君主」にされた人が、誰に対してもまったく自由に、愛をもって仕える「僕」になることができます。信仰だけで満ち足りることによって、隣人に対して無条件に、ただ神によろこばれることだけを求めて奉仕することができると、ルターは語りました。キリストの福音によって自由にされた者が、他者に対する愛の自由に生きることができます。神の恵みによって義とされていることは、そうした自由を与えられたことで、この「福音的な自由」は、嘘や欲望を隠した奉仕でも、報酬に密かに執着した偽善的奉仕でもなく、相手が無条件に只で受けてよい愛による奉仕を生みだします。宗教改革は、愛による奉仕の改革である可能性を含んでいました。

5　「第二の宗教改革」

何ものも恐れず、すべてのものの上に立つ自由な君主であって、同時にその自由にあってあらゆる人に愛をもって仕える、このような自由は「キリストの福音」による以外にはないでしょう。神の御前で義とされた者の自由が日本人にも必要です。ですから日本に必要なのは「宗教改革」だと言って、日本におけ

「第二の宗教改革」を提唱した人が戦前・戦後の日本におりました。良く知られているのは戦後最初の東大総長になった政治学者南原繁です。三笠宮も、日本は宗教改革を経験しなければならないという発言をしたそうですが、南原繁は一貫してこれを主張したので知られています。南原は特に戦前・戦時の日本人の「熾烈な民族主義」と、国家神道や天皇制による「國體観念」に支配された日本人の現実を反省し、「真の人間人格」の形成を願い、そのためには民族宗教でなく世界宗教の神に直面する必要があると語り、「第二の宗教改革」を日本に求めました。宗教改革によって、日本の国民性の打ち直しを行いたいと願ったのです。宗教問題の価値判断を回避したがる宗教学者や日本人の精神性に対する批判を嫌う人々からの南原批判もあります。私たちはキリスト教の主張を独善的に語る弊に陥らないように戒めなければならないでしょう。しかし民族主義的画一主義や国家神道と天皇主義による抑圧の中で人格としての人間が尊重され、確立されるはずがないことは、学問的にも確かなことで、これを批判する宗教学者の誤りは逆に指摘されるべきでしょう。しかし真の人格としての人間の尊重や人間人格の形成を阻害するのは、民族主義的抑圧や特殊宗教的な国家観だけでなく、技術社会が産み出す傾向をもっている非人間的な価値意識にもあります。その点から言えば、日本だけでなく、全世界において「第二の宗教改革」が必要でしょう。あらゆる権威や支配からの自由、とりわけ民族主義や国家主義から、さらには文明の世俗主義から解き放たれる自由が必要です。しかしそうした社会や文明といった外面問題だけでなく、自分をあくまで押し通そうとする自分の内なる高慢の罪からの自由、あるいは自分の内にあって自分を糾弾する罪の疾しさに支配されない自由、自己非難に屈服しない自由、上からの抑圧に対する卑屈からの自由、神以外の物的、精神的な価値に対する欲望に捉えられた状態からの自由、そして他者に愛をもって仕える自由が必要です。この自由は、真に畏怖すべくして、しかも真実な憐れみの神に直面してはじめて与えられる自由ではないでしょうか。それはまた、キリストの贖いによってのみ与えられると言うべきでしょう。キリストに満ち満ちた義と自由と愛の豊かさが、私たちの貧しさ、不義、不自由、愛の欠如との「驚くべき交換」によって、信仰によってのみ与えられます。「第二の宗教改革」は信仰による神との直面以外の仕方で起きることはできないでしょう。

この信仰による「福音的な自由」が「市民的な自由の脊椎」になって、血ともなり、肉ともなることが必要でしょう。福音的自由による市民的自由の形成は単純な可能性とは言えないかもしれません。それは不可能な可能性というべきでしょう。しかしその展開が求められ、それは決して全くの不可能ではないでしょう。現代のあり方から言うと市民的自由は憲法による保証によって実現の基盤が据えられます。しかしその市民的自由が個人主義やエゴイズム、あるいは飽くなき欲望追求の権利にならず、本来的な市民的自由として実現するには、その中身に「福音的な自由」が必要でしょう。神と共にある自由でなければ、市民的自由は腐敗するほかはないと思われます。他の人間の支配に屈し、あるいは他者の存在を無視する強欲に捉えられます。人格的に自由な主体として責任的に生きることは、神の犠牲と勝利に基づかなくてはならず、キリストの犠牲愛とその勝利に根拠を置くことなしには生きられないでしょう。

6　世界史における宗教改革の未完成

実際、ルターにおいてもまたそれ以後のルター派教会においても、福音的自由を生きる市民的自由、あるいは市民的自由による福音的自由の実践は適切に行われたとは言えません。ドイツでは一五五五年の「アウクスブルクの和議」によって「領主の信仰が領民の信仰」(Cujus regio, ejus religio) という仕方で、中途半端な調停が図られました。この形態は一六四八年の「ヴェストファーレンの和議」においても再確認されました。宗教改革は教会の全体的な改革にはなりませんでしたし、福音的自由の遂行も中途に終ったと言わなければならないでしょう。さらには宗教改革が予期しなかった文明の世俗化が起きました。宗教改革が抱えていた豊かな可能性は、世界伝道の課題も含めて、なお実現の途上にあると言わなければならないでしょう。

ルターの宗教改革から刺激を受けた改革派は、神のみを神とし、聖書の権威に基づき教会のみならず都市の生活や学校教育の改革を含めた宗教改革をもたらしました。ドイツでは宗教改革の後ろ盾は主として諸侯（領邦君主）でしたが、スイスでは宗教改革の支援者は都市でした。初期改革派の信仰告白である「四都市信仰告白」は、シュトラスブルク、コンスタンツ、メミンゲン、リンダウの四都市によったものです。これに対しイングランドの宗教改革は国政を舞台に進行しました。宗教改革から、改革派、あるいはカルヴィニズムを通して、国家と社会の革命、あの三大革命、さらには自発的共同体による市民社会の形成に至り、さらには科学革命ももたらされました。スイス、スコットランド、イングランド、オランダ、その成果はさらにアメリカに至りました。オランダは一七世紀にプロテスタンティズムを精神的支柱にしてスペインから独立しました。しかし今日では世俗主義に悩まされています。スコットランドはジョン・ノックスの改革運動を継承して、国教会としてのスコットランド長老教会に継承されました。イングランドはヘンリー八世の時に宗教改革を取り入れ、エリザベス一世の時代にイングランド国教会を安定させました。しかしピューリタンたちは宗教改革の続行を求め、国教会の内外に長老主義をはじめとして、会衆派やバプテスト派などが生み出されました。宗教的寛容を最初に提唱し、ロードアイランド州での宗教的寛容の体制づくりに貢献したロジャー・ウイリアムズも会衆派から生まれ、バプテスト派になった一人でした。

世間一般では、信教の自由や宗教的寛容は非宗教的な啓蒙主義によってもたらされたと考えている人が多いようですが、それは歴史の事実に背きます。信教の自由や宗教的寛容は元来、宗教に対する無関心から生まれて来るものでないことを考えれば、おのずと明らかでしょう。宗教的な熱意が背景にあって、信教の自由も宗教的寛容も世界史の中に登場してきました。それはイングランドからアメリカに及んだ広義のプロテスタント運動の中から生まれたものです。

宗教改革がまったく失敗に終わったのはフランスでした。聖バルテルミー日の虐殺（一五七二年八月二四日）によってプロテスタントは弾圧され、その日パリでは八〇〇〇人のプロテスタントが殺害され、フランス全土ではその何倍かであったと言われます。その後アンリ四世は自分自身がプロテスタントからカトリックに改宗することにより、「ナントの勅令」（一五九八年）を発布して、プロテスタントを承認し、三〇年以上に及んだユグノー戦争を終結させました。ユグノーはフランスのカルヴァン主義者たちを指す名です。「ナントの勅令」は宗教改革をある面何とか定着させる知恵であったと言えるでしょう。しかしフランスでは宗教改革は失敗したというのは、その後ほぼ一〇〇年を経て、ルイ一四世が一六八五年に「ナントの勅令」を廃止したからです。ユグノーたちは再び弾圧され、彼らは国外に逃亡しました。後にフランス革命が一方の王朝、貴族、それと結びついたローマ・カトリック教会側と、他方それに対立した反宗教的な第三階級との争いになり、結果的に反キリスト教的な革命になったのは、それ以前に宗教改革の精神を国外に追放したため、「宗教的守旧派」対「反宗教的革命派」の対立にならざるを得なかったからです。やがてナポレオンがフランス革命の精神を担って進軍するところ、礼拝堂は破壊され、修道院は閉鎖されました。

市民的自由はプロテスタントの三大革命とフランス革命とでは違った形になりました。国家と社会の関係とか、市民社会と団体のあり方の中にその違いが生じました。二つの世界大戦を経て、その後の国家や社会の民主化と、市民的自由の形成、さらには世俗化によって、現在では一八世紀末ほどの相違ではなくなっていますが、それでも宗教的寛容の在り方などに違いが見られます。

7　宗教改革の現代的意義

市民的自由がさまざまな脅かしにあうことは今日も変わりはありません。現代の日本にも民族主義的な画一主義が疑似宗教的な圧力をもって残存しています。陰に陽に神道的な旧勢力の復興が図られています。「隠然たる國體観念」が日本人の意識の底にあるとも言えるでしょう。しかし「日本の旧体制の復興」は、福音的自由が与えるような自由を与えることはできないと言うべきでしょう。それとともに日本にも世界にも「世俗主義的な欲望社会」が蔓延しています。これも真に自由な愛にはならないでしょう。そしていまや一切のタブーのない「無規範的社会」の出現も予期され、規範喪失による秩序崩壊がグローバルな仕方で忍び寄っているとも思われます。

こうした世界史の現代状況に直面して、宗教改革はなおその意義を失っていないと言うべきと思います。真に畏怖すべき聖なる、憐れみの神の恵みのもと、キリストとその十字架による福音を新しく発見して、「福音的な自由」を生きることです。それはキリストの体である教会に現代的な意味があるということでもあります。宗教改革が「聖書のみ」と言い、「信仰のみ」と言いましたが、それはまた「福音のみ」「キリストのみ」「キリストにおける神の恵みのみ」と言うことです。そしてこのことはまた「キリストの体である教会のみ」とも言わなければならないでしょう。宗教改革の意義の見直しは、世俗主義と民族主義が力をふるう現代世界においてキリストの教会の意義を再発見することに通じています。これが第一のことです。教会にはまた福音の再発見に力を尽くすこと、福音の再発見は世界伝道に駆り立てるという宿題が当然伴うでしょう。

第二に、宗教改革の意味は、「福音的な自由」を基盤として「市民的自由」の社会を形成し、維持する可能性にあります。つまり神とその犠牲の勝利によって成り立つ自由、キリストの偉大な福音の業による自由が、キリストの教会を生かすとともに、社会や共同体形成の力になることが願われます。キリストにあって神が共にいることによる自由によって、責任的な人格主体とその自由による愛の共同体が形成される可能性が開かれるでしょう。福音を伝えることは、その福音による自由を伝えると共に、またその自由による愛の奉仕を伝えることでもあります。宗教改革が可能性として持っていた誰にも服従しない自由と共に、誰に対しても奉仕する愛がその実を結ぶことを期待されているでしょう。

世界は依然として混乱の中にあり、その中でかつてなかった世俗主義的な欲望社会に傾斜しています。あるいはさまざまな力によって分断されています。その中で真実な人間の生き方として自由にあって愛に生き、愛にあって自由に生きることが求められています。それには「キリストの福音に根拠をもった自由」に生き、「自他に対する愛」に生きていくのでなければならないでしょう。規範喪失社会に対し、また誤った自由による自己破壊に抗し、新しい共同体を育成する自由な主体を生きることが求められます。それはただ「福音の再発見」の中に確かな根拠を見出し、「自由な教会のある自由な社会」の形成に向かって行くのではないでしょうか。

（1）　WA, 54. Bd., 185f.

編者あとがき

本書は、「刊行にあたって」にもありますように、公益財団法人日本キリスト教文化協会の主催になる「宗教改革五〇〇年記念連続講演会」の講演を元に編集された書物です。

連続講演会のプログラムは、二〇一七年六月二〇日から二六日まで以下のように実施されました。（肩書は、講演当時のものです。）

二〇日「ルターの生涯と宗教改革」　小田部進一（玉川大学文学部人間学科教授）
二一日「ルターの戦争観と現代」　野々瀬浩司（慶應義塾大学文学部教授）
二二日「世界史の中の宗教改革」　近藤　勝彦（東京神学大学名誉教授）
二三日「宗教改革と美術　イメージの力」　遠山　公一（慶應義塾大学文学部教授）
二四日「恩寵義認　ルター神学の核心」　江口　再起（ルーテル学院大学教授）
二五日「宗教改革と現代」　深井　智朗（東洋英和女学院大学人間科学部教授）
二六日「ルターの音楽観とその受容」　佐藤　望（慶應義塾大学商学部教授）

場所は、教文館ビル九階のウェンライトホールで行われました。時間は、二五日を除いて午後二時から四時まで、二五日のみ午後三時から五時まででした。いずれも一〇〇人近い聴衆の参加があり、質疑も熱心に行われました。本書は、各講演者が準備された当日のレジュメを元に、後日改めて原稿として送っていただいたものを収録させていただきました。二五日に講演された深井智朗先生からは、お原稿をいただくことができず、収録されていません。また、二四日は、当初ルーテル学院大学ルター研究所所長の鈴木浩先生にご講演を依頼し、ご案内を差し上げていましたが、直前に体調不良になられたため、急遽江口再起先生に替わっていただきました。快くお引き受け下さいました先生に、この場で改めて謝意を表させていただきます。

二〇一七年は、ルターによる宗教改革の発端とされる「九十五か条の提題」が、ヴィッテンベルク城教会の扉に掲げられた（と言われる）年から、ちょうど五〇〇年に当たります。この年、世界的にもこの出来事を記念する様々な催しが企画され、催行されましたが、日本でもプロテスタント教会を中心に、いくつもの行事が行われたと聞いています。

日本キリスト教文化協会は、一九三三年に、株式会社教文館の株主・経営母体として、日本における文書伝道のエキュメニカルな推進者として設立された団体です。株式会社教文館は、もともとメソヂスト監督教会宣教団の経営する教文館（Methodist Publishing House）と、駐日外国宣教師団（Fellowship of Christian Missionaries in Japan）が設立した日本基督教興文協会（Christian Literature Society of Japan）が合併して出来たもので、プロテスタント教会の教派を超えた協力の下に文書伝道を推進する使命を持った会社です。そのような意味でも、この記念の年に、日本の教会や社会に、宗教改革の現代における意味をもう一度訴え、考える機会を持ちたいと願った次第です。

この企画のために、近藤勝彦理事長、渡部満常務理事、大島力評議員、小林望評議員が選任され、テーマや人選、交渉にあたりました。企画はすべて理事会の議を経て実行に移されたものです。この企画の趣旨に賛同してくださり、講演の労をとってくださいました諸先生方には心から御礼申し上げます。

これらの講演を書物の形で刊行するに当たっては、小林望評議員と矢崎容子事務局長がご尽力くださいましたことに謝意を表させていただきます。お原稿をお送りくださいました諸先生方にも改めて感謝申し上げます。なお、この書物に収録された講演の順番は、行われた順ではなく、大きなテーマに即して三つの括りのもとにまとめさせていただいていることをお断りさせていただきます。この書物が広く読まれて、宗教改革という五〇〇年前の歴史上の出来事が、今も現代に生きる私たちにとっての刺激となり、指針となる示唆を与えてくれることを願ってやみません。

二〇一八年五月

公益財団法人日本キリスト教文化協会常務理事

渡部　満

執筆者紹介（五十音順）

江口再起（えぐち・さいき）
一九四七年生まれ。獨協大学、日本ルーテル神学大学・神学校卒業。ドイツ・エルランゲン大学留学。日本福音ルーテル教会教師。東京女子大学教授を経て、ルーテル学院大学教授。日本ルター学会理事長。ルター研究所副所長。著書『神の仮面――ルターと現代世界』（リトン）

小田部進一（こたべ・しんいち）
一九六八年広島生まれ。関西学院大学神学部・同大学院修了後、ミュンヘン大学に留学、宗教改革期におけるカールシュタットについての学位論文を提出し、神学博士号を取得。現在、玉川大学文学部教授。著書に『ルターから今を考える――宗教改革500年の記憶と想起』（日本キリスト教団出版局）、『キリスト教平和学事典』『よくわかるクリスマス』（共著、教文館）など、論文に「初期宗教改革における新しい信徒像――アンドレアス・ボーデンシュタイン・フォン・カールシュタットの木版画ビラ『馬車』（一五一九年）を手がかりにして」など多数がある。

近藤勝彦（こんどう・かつひこ）
一九四三年東京に生まれる。東京大学文学部哲学科卒業。東京神学大学大学院博士課程前期課程修了。神学博士（チュービンゲン大学）。一九七八年より二〇一三年まで東京神学大学で教鞭をとり、かたわら聖学院大学、国際基督教大学等の講師を兼務した。二〇〇九年から二〇一三年まで東京神学大学学長を務め、現在は同大学名誉教授。銀座教会協力牧師。公益財団法人日本キリスト教文化協会理事長。著書に『キリスト教倫理学』『啓示と三位一体』『贖罪論とその周辺』『救済史と終末論』『キリスト教弁証学』などがある。

佐藤　望（さとう・のぞみ）
慶應義塾大学商学部教授。東京藝術大学楽理科卒業。同大学院音楽研究科在籍中、ロータリー財団奨学生としてケルン大学、およびＤＡＡＤ（ドイツ学術交流会）奨学生としてボーフム大学博士課程で学ぶ。二〇〇三―四年フライブルク大学訪問研究員、二〇一六―一七年ブリティッシュ・コロンビア大学訪問教授。専門研究領域は、一七―一八世紀音楽史、音楽理論史、ドイツ・プロテスタント神学と音楽など。慶應義塾大学コレギウム・ムジクムを主宰し、バロック音楽などのレパートリーを中心に演奏指導も行っている。日本基督教団阿佐ヶ谷教会オルガニスト。代表的な著書に『ドイツ・バロック器楽論』（慶應義塾大学出版会、二〇〇五年）、『バロック音楽を考える Rethinking Baroque Music』（音楽之友社、二〇一七年）などがある。博士 Ph. D.（音楽学・東京藝術大学）。

遠山公一（とおやま・こういち）

一九五九年東京生まれ。慶應義塾大学文学部仏文科および美学美術史学科卒業、フィレンツェ大学留学、東京大学人文系大学院博士課程中退。女子美術大学助教授を経て、現在慶應義塾大学文学部教授。専門は、一五世紀イタリア初期ルネサンス彫刻および絵画史。最近は、絵画における影の歴史、彫刻における台座の機能などのテーマをもって研究している。主な著作としては、Sassetta, The Borgo San Sepolcro Altarpiece（Firenze-Leiden, 二〇〇九年）、『西洋絵画の歴史1 ルネサンスの驚愕』（小学館、二〇一三年）など。美術史学会代表委員、公益財団法人遠山記念館理事長、銀座教会会員。

野々瀬浩司（ののせ・こうじ）

一橋大学社会学部卒業（一九八八年）。スイス連邦政府給費奨学生としてベルン大学に留学。慶應義塾大学大学院文学研究科博士課程単位取得退学（一九九五年）。慶應義塾大学で博士号（史学）取得。防衛大学校人間文化学科教授を経て、二〇一四年四月から慶應義塾大学文学部教授。著書として『ドイツ農民戦争と宗教改革：近世スイス史の一断面』（慶應義塾大学出版会、二〇〇〇年）、『宗教改革と農奴制：スイスと西南ドイツの人格的支配』（慶應義塾大学出版会、二〇一三年）、論文として「ドイツ農民戦争期におけるチューリヒの農奴制問題について」（『西洋史学』第一九七号、二〇〇〇年六月、二三―四四頁）、「宗教改革者と農奴制―ベルンの再洗礼派の例を中心にして―」（『西洋史学』第二一二号、二〇〇四年三月、二三―四三頁）など。

宗教改革の現代的意義——宗教改革五〇〇年記念講演集

2018年6月30日　初版発行

編　者　公益財団法人 日本キリスト教文化協会

発行者　渡部　満

発行所　株式会社 教文館
〒104-0061 東京都中央区銀座4-5-1 電話03(3561)5549　FAX 03(5250)5107
URL　http://www.kyobunkwan.co.jp/publishing/

印刷所　モリモト印刷株式会社

配給元　日キ販　〒162-0814 東京都新宿新小川町9-1
電話03(3260)5670　FAX 03(3260)5637

ISBN 978-4-7642-9977-1　C0016　Printed in Japan